C.H.BECK WISSEN

in der Beck'schen Reihe

Gibt es «von Natur aus» hochbegabte Kinder? Wie und woran lassen sie sich erkennen? Außergewöhnliche Leistungen, so die These der beiden Psychologinnen, basieren stets auf mehreren Ursachen. Neben angeborenen Fähigkeiten sind dies langfristig angelegte Lern- und Übungsprozesse. Erfolg versprechen sie aber nur dann, wenn die Person motiviert ist und an die eigenen Fähigkeiten glaubt. Ohne Stimulation und Förderung verkümmern auch die besten Anlagen.

Prof. Dr. *Franzis Preckel*, geb. 1971, studierte in Münster und Green Bay (Wisconsin). Seit 2006 ist sie Professorin an der Universität Trier und Leiterin des Lehrstuhls für Hochbegabtenforschung und -förderung. Ihre Forschungsschwerpunkte sind Intelligenz und Hochbegabung sowie Prädiktoren von Leistungen. Franzis Preckel ist verheiratet und hat zwei Kinder.

Dr. *Tanja Gabriele Baudson*, geb. 1976, ist Diplompsychologin und Romanistin. Nach verschiedenen Studien- und Forschungsaufenthalten, u. a. an der Pariser Sorbonne und in Nishinomiya/Japan, forscht sie aktuell am Lehrstuhl für Hochbegabtenforschung und -förderung der Universität Trier zu Hochbegabung und Kreativität, pädagogisch-psychologischer Diagnostik und aggressivem Lehrerverhalten.

Franzis Preckel
Tanja Gabriele Baudson

HOCHBEGABUNG

Erkennen, Verstehen, Fördern

Verlag C.H.Beck

Mit 6 Abbildungen und 1 Tabelle

Die Entstehung dieses Buches wurde durch Mittel des Bundesministeriums für Bildung und Forschung gefördert und durch «Bildung und Begabung» sowie die Karg-Stiftung unterstützt.

Originalausgabe

Satz: Fotosatz Amann, Aichstetten
Druck und Bindung: Druckerei C.H.Beck, Nördlingen
Umschlagentwurf: Uwe Göbel, München
Umschlagabbildung: © Ramona Hein/Fotalia
Printed in Germany
ISBN 978 3 406 65333 9

www.beck.de

Inhalt

I. Hochbegabung und die Faszination außergewöhnlicher Leistungen

Ein Kind, das mit vier Monaten in ganzen Sätzen spricht, mit 15 Monaten lesen kann und mit drei Jahren mathematische Gleichungen löst – das ist alles andere als gewöhnlich. Aber Michael Kearney war ein solch ungewöhnliches Kind. Und in diesem Tempo ging es auch weiter: Mit sechs Jahren studierte er am College, mit zehn hatte er seinen ersten Graduiertenabschluss in der Tasche. Einen so jungen Studenten und Absolventen hatte es noch nie gegeben – damit schaffte es Michael ins Guinness-Buch der Rekorde. Bei seiner Promotion war er 22 (und hatte in der Zwischenzeit noch einen weiteren Masterstudiengang abgeschlossen).

Eine solche Entwicklung ist faszinierend und wirft viele Fragen auf. Wie kommt es, dass jemand so früh solche herausragenden Leistungen erbringt? Zunächst könnte man die Ursachen bei Michael selbst suchen: Vielleicht war er eben von Geburt an mit besonderen Leistungsvoraussetzungen ausgestattet – anders gesagt: besonders begabt. Diese Idee herrschte auch in der frühen Begabungsforschung vor, die sich vor allem mit der Auswahl besonders Begabter beschäftigte. Die neu entwickelten Intelligenztests versprachen Objektivität; als besonders begabt galt folglich, wer hohe Werte im Intelligenztest erzielte.

Aber gibt es «von Natur aus» hochbegabte Kinder überhaupt? Menschliches Potenzial ist grundsätzlich veränderbar. Vor diesem Hintergrund rückten Entwicklungs- und Förderaspekte zunehmend in den Vordergrund der Begabungsforschung. Als Gegenposition zur angeborenen Begabung wurden nun günstige Umwelt- und Entwicklungsbedingungen als Erklärung außergewöhnlicher Leistungen angeführt, etwa exzellente Anleitung und Übung. Demnach wäre Michaels Entwicklung ausschließlich über besonders günstige Förderbedingungen verständlich.

Bis heute haben wir keine definitive Antwort darauf, wie eine Entwicklung wie die von Michael zu erklären ist. Fest steht jedoch, dass weder Anlage- noch Umwelteinflüsse allein dafür ausreichen. Entscheidend ist ihr Zusammenspiel – und auch dieses wird wiederum von vielen weiteren Faktoren beeinflusst. Wer sich mit dem Thema Hochbegabung beschäftigen will, sollte also eine gewisse Offenheit für Komplexität mitbringen. Einfache Lösungen gibt es nicht.

Derzeit nehmen Bildung und Erziehung eine prominente Rolle im öffentlichen Diskurs ein, unter anderem angeregt durch Ergebnisse großer internationaler Schulleistungsstudien wie PISA. Bildungsgerechtigkeit, Bildungsstandards oder Schulreform haben direkte Auswirkungen auf Fragen der Begabtenförderung. Insgesamt haben sie verschiedene Kontroversen intensiviert, wie die oben skizzierte Anlage-Umwelt-Debatte. Verschärft wird die Diskussion auch dadurch, dass die Unterschiede zwischen sozialen Schichten und Bildungsgruppen immer größer werden. Inwieweit lässt sich vor diesem Hintergrund verantworten, dass man sich mit Hochbegabten beschäftigt statt mit anderen Gruppen, die diese Aufmerksamkeit womöglich nötiger hätten?

Auch gab es noch nie so viele Definitionen von Hochbegabung wie heute. Kontroversen sind da unvermeidbar. Strittig ist etwa, ob Hochbegabung ein allgemeines oder ein bereichsspezifisches Phänomen ist. Michael Kearney hatte Biochemie und Informatik studiert. Hätte er auch in Literatur- oder Rechtswissenschaften oder gar außerhalb des akademischen Umfelds glänzen können? Umstritten ist auch, ob sich Hochbegabte von nicht Hochbegabten lediglich durch ein «Mehr desselben» oder auch qualitativ unterscheiden, ob sie etwa anders denken und daher besondere, auf sie zugeschnittene Fördermaßnahmen benötigen. Unterschiede ergeben sich auch daraus, ob Begabung als gegeben und eher unveränderbar angesehen wird oder ob man glaubt, dass sie sich in Abhängigkeit von Kontext und Kultur entwickelt. Welche Position man einnimmt, hat unmittelbare Konsequenzen für das grundlegende Verständnis, das Erkennen und die Förderung von Hochbegabung.

Die Rolle der kulturellen Einflüsse ist besonders interessant. Warum beginnen wir dieses Buch mit einem Beispiel für außergewöhnliche Leistungen im akademischen Bereich? Viele Personen aus unserem Kulturkreis hätten wohl ein ähnliches Beispiel gewählt (Albert Einstein wird oft spontan als Beispiel für einen hochbegabten Menschen genannt), aber nur wenige würden wohl jemanden nennen, der im sozialen Bereich Außergewöhnliches geleistet hat. Unser kulturell-gesellschaftliches Umfeld beeinflusst also, welche Inhalte wir mit dem Hochbegabungsbegriff verknüpfen. Zudem entstehen in diesem Umfeld auch normative Vorgaben dazu, welchem Zweck Hochbegabtenförderung dienen soll und welche Fördererergebnisse wünschenswert sind. In unserem Kulturkreis wird in der Regel die Leistungsentwicklung betont, zumeist eingebettet in eine optimale Entwicklung der Gesamtpersönlichkeit; selten stehen hingegen Aspekte der Sinn- oder Wertebildung im Vordergrund (Heng, 2003).

Was wir aktuell über Hochbegabung wissen, lässt sich also nicht völlig objektiv darstellen, sondern erfordert persönliche Schwerpunktsetzungen. Als Psychologinnen nehmen wir eine psychologische Perspektive auf das Thema ein, auch wenn andere Disziplinen (etwa die Erziehungs- und Bildungswissenschaften, die kognitiven Neurowissenschaften oder die Soziologie) das Thema ebenfalls beforschen – oder hier zumindest gefordert sind.

1.1 Was ist Hochbegabung?

Auf die Frage, was Hochbegabung ist, gibt es zahlreiche Antworten. Hochbegabung kann als angeborene hohe Intelligenz gesehen werden, als Ergebnis einer optimalen Entwicklung und Förderung oder auch als Resultat eines Zuschreibungsprozesses (jemand ist hochbegabt, weil andere ihn dafür halten). Optimistisch könnte man die Vielfalt an Definitionen so deuten, dass wir inzwischen viele Formen und Ausdrucksmöglichkeiten von Hochbegabung anerkennen. Andererseits wird Hochbegabung damit immer weniger fassbar; dies gilt insbesondere für das Verständnis von Hochbegabung als Ergebnis eines sozialen und damit teilweise unkontrollierbaren Zuschreibungsprozesses. Damit wären dann auch tragfähige Aussagen über Möglichkeiten des Erkennens und Förderns hinfällig – oder zumindest sehr schwer zu treffen. Dass Sie dieses Buch in den Händen halten, legt nahe, dass dem nicht so ist.

Begabung bezeichnet allgemein das leistungsbezogene Potenzial eines Menschen, Hochbegabung entsprechend ein extrem hoch ausgeprägtes Potenzial. Das Konstrukt Hochbegabung wurde ursprünglich «erfunden», um außergewöhnliche Leistung zu erklären. Konstrukte sind jedoch theoretischer Natur: Sie sind nicht direkt beobachtbar, sondern müssen aus der Beobachtung anderer Sachverhalte (sogenannter *Indikatoren*) erschlossen werden. Das heißt aber nicht, dass Konstrukte «Luftnummern» sind. Zweifellos gibt es Leistungsunterschiede zwischen Menschen, in fast jedem Bereich. Diese kommen in den allermeisten Fällen nicht zufällig zustande, sondern haben bestimmte Ursachen. Fragen dazu ergeben sich nun aber vor allem im Hinblick auf drei Punkte: (1) Welche Bereiche werden überhaupt betrachtet? (2) Wie ist festzulegen, welche Sachverhalte als gültige Indikatoren für Hochbegabung in einem bestimmten Bereich gelten können? (3) Wie ist zu entscheiden, wie bzw. wie hoch diese Indikatoren ausgeprägt sein sollen, damit man von Hochbegabung sprechen kann?

Kriterien für Hochbegabung

Der amerikanische Psychologe Robert Sternberg befragte Laien nach ihren Vorstellungen über Hochbegabte. Aus ihren Antworten entwickelte er fünf Kriterien, die erfüllt sein sollten, damit man von Hochbegabung sprechen kann (Sternberg, 1993):

1. **Exzellenz:** Eine Person ist anderen in einem oder mehreren Bereichen deutlich überlegen. Entscheidend ist hier der Vergleich mit der eigenen Altersgruppe: Wie sich Fähigkeiten entwickeln, wird maßgeblich durch natürliche Abläufe sowie durch Lerngelegenheiten mitbestimmt, die jemandem bis dahin zur Verfügung standen und die wiederum zum Teil altersabhängig sind.

2. ***Seltenheit:*** Eine vergleichbar hohe Merkmalsausprägung ist bei Personen derselben Altersgruppe selten. Dieses Kriterium stellt eine notwendige Ergänzung zum Exzellenzkriterium dar, denn wenn alle gleichermaßen exzellente Leistungen erbringen, wird man kaum einen von ihnen als hochbegabt bezeichnen.
3. ***Produktivität:*** Die Begabung muss (bzw. wird wahrscheinlich) zu Produktivität führen, also die Person zur Herstellung besonderer Produkte oder zu besonderen Handlungen befähigen. Dieses Kriterium verdeutlicht, warum etwa Schönheitsköniginnen (oder -könige) meist nicht als hochbegabt bezeichnet werden – es sei denn, sie verbinden ihre Position mit weiteren Aktivitäten wie der Produktion von Unterhaltungsshows.
4. ***Beweisbarkeit:*** Die besondere Leistungsstärke muss durch gültige Prüfverfahren (z. B. Leistungstests) nachweisbar sein. Wird die Begabung nicht in einer anerkannten Form dokumentiert, kann man einer Person keine hohe Begabung zusprechen.
5. ***Wert:*** Das außergewöhnliche Potenzial oder die außergewöhnliche Leistung liegen in einem Bereich, den die Umgebung oder Kultur wertschätzt. Das Wertkriterium schränkt Zuschreibungen von Hochbegabung auf gesellschaftlich-kulturell relevante Bereiche ein und erklärt auch, warum manchen Personen erst posthum oder nach einem Wechsel ihres Umfelds besondere Begabung beigemessen wurde (z. B. Camille Claudel).

Mit Blick auf die oben beschriebenen Herausforderungen, Bereiche und gültige Indikatoren auszuwählen und Ausprägungsgrade für Hochbegabung festzulegen, verdeutlichen diese Kriterien Folgendes: Indikatoren sind nicht allgemein gültig, sondern entfalten ihre Gültigkeit stets in einem gesellschaftlich-kulturellen Kontext. Dieser legt fest, welche Bereiche überhaupt mit Hochbegabung assoziiert werden können; und diese können sich über Zeit und Kultur hinweg ändern. Auch gibt es keine natürlichen Standards dafür, wie hoch eine Fähigkeit ausgeprägt sein muss, damit man von Hochbegabung sprechen kann. Diese werden festgesetzt, und zwar in der Regel im sozialen Vergleich: Eine Person wird *relativ* zu anderen Personen ihres Alters (und zum Teil auch ihrer Herkunft, ihres Geschlechts etc.) bewertet.

Hochbegabung: Potenzial oder Leistung?

Sternbergs fünf Kriterien (ausgenommen das Produktivitätskriterium) lassen weitestgehend offen, ob es sich bei Hochbegabung um ein *Potenzial* zu besonderer Leistung handelt oder um bereits *gezeigte* exzellente Leistungen. Diese Unschärfe spiegelt sich auch im allgemeinen Gebrauch des Wortes «hochbegabt» wider. Zum einen verwenden wir es in einem *erklärenden* Sinne. Jemand, der Außergewöhnliches vollbracht hat, wird – quasi, um die besonderen Leistungen zu erklären – als hochbegabt bezeichnet (*Post-hoc-* oder *Performanzdefinition*). Zum anderen verwenden wir das Wort «hochbegabt» *beschreibend*. Deutet bei einer Person vieles auf Potenzial zu hoher Leistung hin, wird sie ebenfalls als hochbegabt bezeichnet, auch wenn sie noch nichts Außergewöhnliches vollbracht hat *(Kompetenzdefinition)*.

Erklärend wird der Begriff «hochbegabt» vor allem bei Erwachsenen verwendet, beschreibend dagegen bei Kindern. Kein Begabtenförderprogramm für Studierende würde jemanden ohne sehr gute Leistungen zulassen, während Kinder zum Teil auch ohne exzellente Noten in besondere Begabtenklassen aufgenommen werden. Diese altersabhängige Verschiebung ist nicht zwingend: Nicht jedes hochbegabte Kind zeigt später herausragende Leistungen; nicht jeder erwachsene Hochleister galt als Kind als besonders begabt. Beispiele für solche sogenannten *late bloomers*, deren Begabung sich erst relativ spät zeigt, sind der Komponist Anton Bruckner oder der Schriftsteller Charles Bukowski. Auch wenn solche Fälle selten sind, zeigen sie, dass Entwicklung im Einzelfall auch anders verlaufen kann. Dass sich die Verwendung des Begriffs «hochbegabt» mit dem Alter verschiebt, ist wohl auch damit zu erklären, dass Kindern gegenüber eine soziale Verantwortung für Ausbildung und Förderung besteht. Mit steigendem Alter geht diese Verantwortung zunehmend in die Hände des Individuums über.

1.2 Modellvorstellungen

Sowohl Performanz- als auch Kompetenzdefinitionen von Hochbegabung sind heute weit verbreitet. Die beiden Definitionsklassen unterscheiden sich darin, welche Indikatoren für Hochbegabung sie als gültig anerkennen. Zum einen ist dies bereits entwickelte *Leistungsexzellenz*, zum anderen ein *Potenzial für Leistungsexzellenz*, erschlossen über Fähigkeitstests, Befragungen oder Verhaltensbeobachtungen. Die Intelligenzdefinition, um die es im Folgenden geht, begreift Hochbegabung als Potenzial für Leistungsexzellenz.

Hochbegabung als hohe Intelligenz

Eine der ersten modernen Vorstellungen setzte Hochbegabung mit extrem hoher Intelligenz gleich (vgl. auch die in Kapitel 5 beschriebene *Terman-Studie*). Als hochbegabt wurde bezeichnet, wer etwa zu den intelligentesten ein bis fünf Prozent seiner Altersgruppe gehörte. Bis heute ist diese «Intelligenz-» oder «IQ-Definition» in Forschung und Förderpraxis vertreten. IQ steht für «Intelligenzquotient», die Maßzahl für ein Ergebnis in einem standardisierten Intelligenztest. Damit impliziert die Bezeichnung «IQ-Definition», dass ab einem bestimmten Testergebnis von Hochbegabung gesprochen werden kann (darauf, wie gut der IQ Leistungsexzellenz wirklich vorhersagen kann, gehen wir in Kapitel 1.3 ein, auf IQ-Tests in Kapitel 2).

Allgemein bezieht sich Intelligenz auf interindividuelle Unterschiede in verschiedenen Denkfähigkeiten, die wichtig für Lernen und Problemlösen sind. Moderne Ansätze konzipieren Intelligenz als sogenannte *Eigenschaftshierarchie* (McGrew, 2009). Es wäre zu einfach, Intelligenz als *eine* Größe, quasi als «mentale Energie», aufzufassen – denn sie umfasst viele verschiedene Denkfähigkeiten. Diese lassen sich danach anordnen, wie breit oder allgemein ihr Einfluss auf Denkleistungen in verschiedenen Bereichen ist. In Abbildung 1 sind auf der untersten Ebene vielfältige und sehr spezifische Fähigkeiten verortet (z. B. Rhythmusfähigkeit oder das Vermögen zum Fremdsprachenerwerb). Auf der mittleren Ebene finden sich Fähigkeiten mittlerer Generalität, die bei vielen, aber längst nicht bei allen Denkleistungen eine Rolle spielen (etwa Lese- und Schreibkompetenz). Auch Wissen gehört hierher, denn entgegen mancher Alltagsvorstellung spiegelt die Menge des angeeigneten Wissens *nicht* lediglich Lerngelegenheiten und Einsatz wider: Sie reflektiert auch die eigene Lernfähigkeit und ist damit intelligenzabhängig. Die Spitze der Hierarchie bildet die allgemeine Intelligenz: Die Prozesse, die sie umfasst, sind so generell, dass sie beim Denken immer eine Rolle spielen.

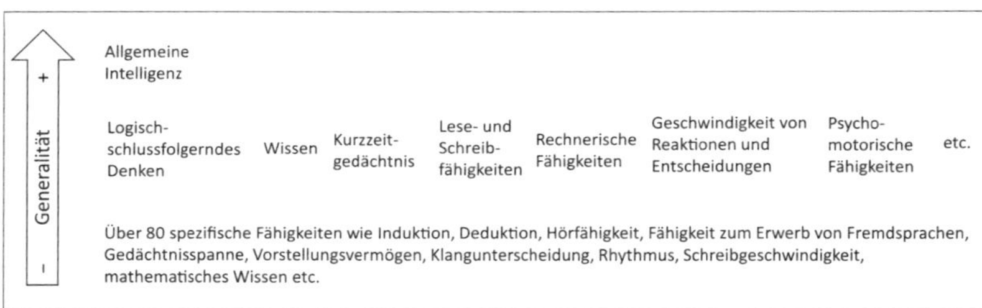

Abbildung 1: Intelligenz als Eigenschaftshierarchie (nach McGrew, 2009)

Interessanterweise sind ausgeprägte Begabungsprofile, also individuelle Stärken und Schwächen, im hohen Intelligenzbereich häufiger anzutreffen als im Durchschnittsbereich. Während die Fähigkeiten bei durchschnittlicher Intelligenz eher gleichmäßig verteilt sind, finden sich bei vielen Hochbegabten individuelle Schwerpunkte, etwa eine besondere verbale oder mathematische Begabung. Hochbegabte, die in beiden Bereichen (also sowohl verbal als auch mathematisch) sehr begabt sind, sind hingegen seltener. Diese Begabungsschwerpunkte kristallisieren sich oft bereits im Grundschulalter heraus und erlauben gute Vorhersagen für die weitere Entwicklung in diesen Bereichen (Webb, Lubinski & Benbow, 2007). Die Forschung entfernt sich daher zunehmend von der Auffassung von Hochbegabung als weit überdurchschnittlich ausgeprägter allgemeiner Intelligenz und berücksichtigt vermehrt bereichsspezifische intellektuelle Begabungen.

Mehr als IQ: Hochbegabung als mehrdimensionales Phänomen

Definitionen von Hochbegabung, die sich allein auf die Intelligenz stützen, sind vielfach kritisiert worden, da sie Hochbegabung auf den kognitiven Bereich reduzieren. Die erste «offizielle» Hochbegabungsdefinition im US-amerikanischen Raum (der *Marland-Report* von 1972 zur Förderung Hochbegabter im amerikanischen Schulsystem) unterscheidet dagegen sechs verschiedene Bereiche: allgemeiner Intellekt, spezifische akademische Fähigkeiten, Kreativität, Führungsfähigkeit, bildnerische und darstellende Künste sowie Psychomotorik. Kritisiert wurde an rein intelligenzbasierten Definitionen zudem, dass sie zu starr seien und menschlicher Entwicklung zu wenig Raum gäben.

Eine erste dynamischere Sichtweise bot das Drei-Ringe-Modell, das der Amerikaner Joseph Renzulli in den 1970er Jahren entwickelte (Abbildung 2). Nach Renzulli wird eine Person nicht hochbegabt geboren, sondern entwickelt dann hochbegabtes Verhalten, wenn drei Merkmale optimal zusammenspielen.

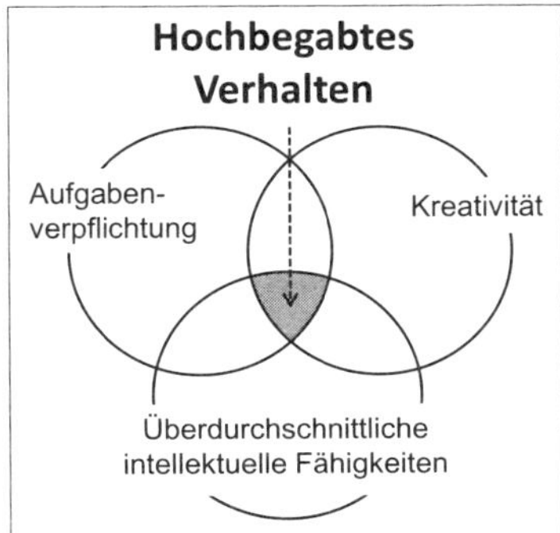

Abbildung 2: Drei-Ringe-Modell der Begabung von Renzulli (1978)

Zum einen sind dies überdurchschnittliche Denkfähigkeiten. Ähnlich wie viele Anhänger von Intelligenzdefinitionen nimmt Renzulli an, dass diese Fähigkeiten nur eingeschränkt veränderbar sind. Extrem ausgeprägt müssen sie seiner Ansicht nach jedoch nicht sein. Auch bei «nur» überdurchschnittlichen Denkfähigkeiten kann hochbegabtes Verhalten entwickelt werden – wenn sich die Person einer Aufgabe verpflichtet, Zeit und Energie investiert, Ausdauer zeigt, sich bei Fehlschlägen selbst wieder motivieren kann und bereit ist, ihre Fähigkeiten unter Beweis zu stellen. Damit sie jedoch tatsächlich Neues schaffen kann, braucht sie neben Denkfähigkeit und Aufgabenverpflichtung außerdem kreative Fähigkeiten. Sie sollte also bei der Beschäftigung mit einer Aufgabe originell, produktiv, flexibel und selbstständig vorgehen, um hochbegabtes Verhalten zu entwickeln. Renzulli geht davon aus, dass Aufgabenverpflichtung und Kreativität – anders als Denkfähigkeiten – erlernbar sind und entsprechend gefördert werden können (in Kapitel 4.3 stellen wir einige seiner Ideen vor).

Verhalten entwickelt sich allerdings nicht im luftleeren Raum; und diese Umweltabhängigkeit berücksichtigt Renzullis Modell nicht. Um die Entwicklung von hochbegabtem Verhalten bzw. Leistungsexzellenz umfassender abzubilden, schlug der Kanadier Françoys Gagné das *Differenzierte Begabungs- und Talentmodell* vor (Abbildung 3). Unter Begabungen versteht er weitgehend angeborene Fähigkeiten, die in unterschiedlichen Bereichen liegen können. Diese *Begabungen* sind in einer Person zwar angelegt, benötigen aber Stimulation und Förderung, um sich entwickeln zu können. *Talent* beschreibt hingegen besondere Leistungen, also systematisch entwickelte Fähigkeiten, die jemanden zur Expertin bzw. zum Experten auf einem bestimmten Gebiet machen. Entsprechend der Vielfalt der Begabungen kann sich Talent in vielen Gebieten zeigen. Gagnés Modell integriert damit sowohl Kompetenz (Begabung) als auch Performanz (Talent). Der Hochbegabungsbegriff bleibt jedoch auf den Begabungsaspekt (und damit auf weitgehend angelegte Fähigkeiten) beschränkt.

Nach Gagné führt der Weg von der Begabung zur Leistungsexzellenz über systematisches Lernen, Trainieren und Üben. Das erfordert Energie und Ausdauer. Um diese aufzubringen, benötigt eine Person bestimmte Eigenschaften, sogenannte *intrapersonale Katalysatoren*, wie hohe Leistungsmotivation oder Vertrauen in die eigenen Fähigkeiten. Aber auch Unterstützung von außen ist notwendig, damit sich Begabung entfalten kann.

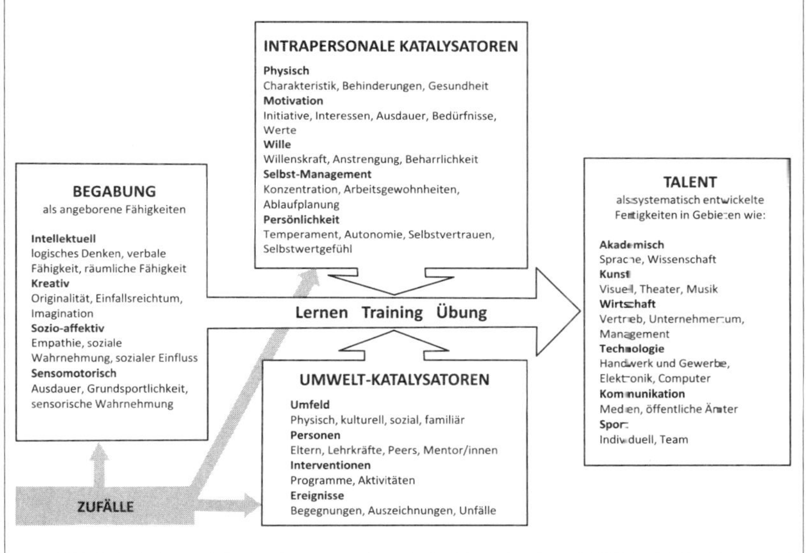

Abbildung 3: Differenziertes Begabungs- und Talentmodell (Gagné, 2004)

Diese *Umwelt-Katalysatoren* können sehr vielfältig sein: Der Einfluss bedeutsamer Personen wie Eltern und Lehrkräfte auf die Entwicklung begabter Kinder ist kaum zu überschätzen. Wichtig ist auch, wo ein Kind aufwächst. Kinder in ländlichen Gebieten haben einen anderen und manchmal weniger guten Zugang zu Umweltressourcen (z. B. Bibliotheken oder Theater, aber auch bestimmte Schulangebote), die ihre Talententwicklung unterstützen könnten.

Begabungsentwicklung ist ein sehr individueller Prozess. Dieser Punkt wird in Gagnés Modell deutlich, das auch den Einfluss zufälliger Ereignisse berücksichtigt, die einen Menschen nachhaltig geprägt haben – beispielsweise, die richtige Person zur richtigen Zeit zu treffen, oder auch die Bewältigung traumatischer Erlebnisse wie der frühe Verlust eines Elternteils, die den Ausschlag geben können, sich mit einem bestimmten Bereich vertiefend auseinanderzusetzen.

Expertiseforschung: Hochbegabung als Ergebnis von Lernen und Übung

Wie wichtig ist angeborene Begabung, wenn man exzellente Leistung erklären will? Möglicherweise braucht man sie gar nicht – das nimmt zumindest die sogenannte *Expertiseforschung* an. «Expertise» bezeichnet eine besondere Leistungsfähigkeit in einem bestimmten Gebiet (etwa Schach oder Brückenbau). Sie beruht darauf, dass man durch Erfahrung und Üben ein besonders reichhaltiges Wissen sowie spezielle Fertigkeiten auf einem Gebiet erworben hat. Angeborene Begabung ist nach Ansicht der Expertiseforschung dagegen unwichtig bis irrelevant. Der amerikanische Psychologe Benjamin Bloom (1985) fand bei Expertinnen und Experten in so unterschiedlichen Bereichen wie Kunst, Musik, Wissenschaft oder Sport extrem lange Lernzeiten. Erst nach etwa zehn Jahren intensiven Trainings erreichten sie ihren Leistungshöhepunkt. Dieser Befund ist als «10-Jahres-Regel» berühmt geworden: Um zur Expertin oder zum Experten zu werden, muss man in dem jeweiligen Bereich mindestens 10 000 Stunden üben. Wer pro Tag zwischen zweieinhalb und drei Stunden übt, braucht also rund zehn Jahre (Abbildung 4).

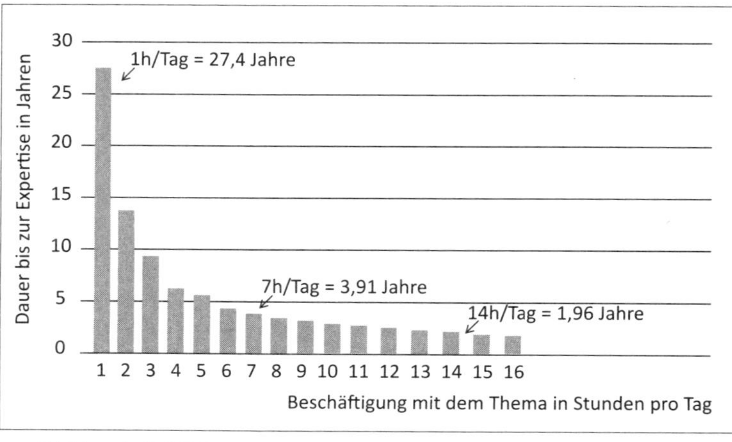

Abbildung 4: 10 000 Stunden bis zur Expertise

Nach dem schwedischen Psychologen K. Anders Ericsson verläuft die Entwicklung zur Expertise in mehreren Schritten: In einer ersten frühkindlichen Phase wird das Kind auf spielerische Weise an einen Inhaltsbereich herangeführt. In der zweiten Phase kommt dann systematische, durch Lehrkräfte angeleitete und geförderte Übung hinzu, die mit zunehmendem Alter immer intensiver wird. In der dritten, meist im Jugendalter verorteten Phase werden Instruktion und Anleitung weiter intensiviert, was dann schließlich zu außergewöhnlichen Leistungen führen kann. Nach Ericsson ist es vor allem die anstrengungsorientierte und zielgerichtete Übung, die sogenannte *deliberate practice*, die den Entwicklungsfortschritt und damit außergewöhnliche Leistungen bestimmt. Diese Art des Übens, bei der es immer darum geht, seine Fähigkeiten *weiter*zuentwickeln, ist auf exzellente Lehrkräfte (im weitesten Sinne) angewiesen. Ihre Aufgabe ist es, zum einen den Lernprozess sinnvoll zu strukturieren und zum anderen die Motivation der oder des Lernenden aufrechtzuerhalten. Dies funktioniert nur auf der Grundlage einer guten Beziehung und intensiver Kooperation. Die Lehrkraft kann sich daher nicht nur auf den eigentlichen Expertisebereich konzentrieren, sondern muss die Lernende oder den Lernenden als Ganzes in den Blick nehmen (Ericsson, 1996).

Ist Expertise also bei entsprechender Übung für jeden machbar? Wohl kaum, denn *deliberate practice* ist mühsam und oft frustrierend. Warum sollte man sich dem aussetzen? Auch wenn die Expertiseforschung den Einfluss angeborener Fähigkeitsunterschiede als gering bis irrelevant einschätzt, gesteht sie dennoch ein, dass bestimmte Persönlichkeitseigenschaften begünstigen, dass sich jemand ständig verbessern will und über viele Jahre hinweg ein hohes Übungsniveau aufrechterhalten kann (Ericsson & Charness, 1994). Hierzu gehören die Wertschätzung hoher Leistungen, ein hohes Anspruchsniveau in Bezug auf eigene Leistungen, das Vertrauen in die eigene Leistungsfähigkeit, gute Lerntechniken sowie eine hohe Leistungsmotivation. Wem Leistung nicht wichtig ist und wer sich hohe Leistungen nicht zutraut, wird sich kaum zur Expertin oder zum Experten entwickeln.

Hochbegabung als systemisches Phänomen

Viele Dinge müssen in gelungener Weise zusammenspielen, damit jemand außergewöhnliche Leistungen erbringen kann. Systemtheoretiker kritisieren daher die Fokussierung auf die hochbegabte Person und fordern, systemische Zusammenhänge stärker zu berücksichtigen. Ähnlich wie die Expertiseforschung wenden sie den Fokus weg von Begabung und hin zu den Prozessen der Leistungsentwicklung. Der deutsche Psychologe Albert Ziegler (2005) nennt vier Elemente, die als System miteinander interagieren: die *tatsächlichen Handlungsmöglichkeiten* einer Person zu einem bestimmten Entwicklungszeitpunkt, ihre *Lernziele*, die bei der Entwicklung von Leistungsexzellenz darauf ausgerichtet sein müssen, das eigene Handlungsrepertoire in einem bestimmten Bereich weiterzuentwickeln, *Umwelteinflüsse*, etwa die Art der Aufgabe, Unterstützung durch Lehrkräfte etc., und schließlich die durch die Person *wahrgenommenen Handlungsmöglichkeiten* zur Erreichung ihrer Ziele in der jeweiligen Umwelt.

Oft wird übersehen, dass auch die Aufgabe mitbestimmt, was Hochbegabung ausmacht. Würde man beispielsweise den Basketballkorb tiefer hängen, wäre Größe womöglich nicht mehr von Vorteil, und andere Spieler würden sich vielleicht hervortun (Lohman, 2005). Aus systemischer Sicht kann Hochbegabung nicht mehr auf die Person bezogen werden, auf ihre Leistungen oder eine bestimmte «Qualität im Kopf»: Sie ist vielmehr das Ergebnis des Zusammenspiels von vielen inneren und äußeren Faktoren, die im richtigen Moment am richtigen Ort zusammenfließen. Hier sind unendlich viele Konstellationen denkbar. Ein Einheitsmodell zur Erklärung außergewöhnlicher Leistung *kann* es demnach gar nicht geben.

1.3 Wie kommen außergewöhnliche Leistungen zustande?

Jedes Modell hat seine eigene Sicht, was Hochbegabung ausmacht und wie sich Leistungsexzellenz entwickelt. Jedes leistet damit jeweils einen spezifischen Beitrag. Im Folgenden versuchen wir eine Zusammenschau, um zu beantworten, wie außergewöhnliche Leistungen zustande kommen.

Generell erfolgt Entwicklung in einem *Wechselspiel* von Anlage und Umwelt (vgl. Abbildung 5). Wie wir uns entwickeln, ist weder durch unsere Gene festgelegt noch allein von unserer Umwelt abhängig: Vielmehr beeinflussen sich alle Ebenen gegenseitig. Chronischer Stress etwa kann neuronale und genetische Aktivität nachgewiesenermaßen verändern (Kolassa & Elbert, 2007).

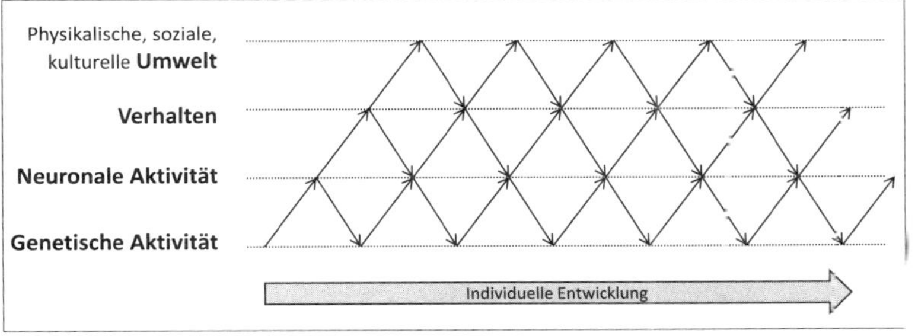

Abbildung 5: Zusammenspiel von Genen, Verhalten und Umwelt im Verlauf individueller Entwicklung (nach Gottlieb, 1992, S. 186)

Aus unserer Sicht ist es daher wenig sinnvoll zu diskutieren, welchen Anteil angeborene Begabungen im Vergleich zu Übung und Training am Zustandekommen von Leistungsexzellenz haben. Schauen wir hier einmal exemplarisch den akademischen Bereich an, in dem sich Intelligenz als relativ bestes Vorhersagemerkmal für Leistungsfähigkeit bewährt hat. Intelligenzunterschiede sind sowohl anlage- als auch umweltbedingt. Darüber hinaus spielen Anlage und Umwelt in komplexer Art und Weise zusammen. Ohne Stimulation und Förderung verkümmern auch die besten Anlagen; umgekehrt hat Bildung einen positiven Einfluss auf die Intelligenzentwicklung (Ceci & Williams, 1997).[1]

Intelligenz und Leistungsexzellenz

Nach über 100 Jahren Intelligenzforschung wissen wir einiges darüber, wie Intelligenz und (außergewöhnliche) Leistung zusammenhängen. Intelligenz spielt für Bildung und Beruf eine wichtige Rolle. Wer intelligent ist, lernt schneller und ist erfolgreicher darin, einmal Gelerntes auf neue Situationen zu übertragen. Je intelligenter jemand ist, desto wahrscheinlicher ist es, dass einige Intelligenzbereiche stärker ausgeprägt sind als andere. Diese relativen Stärken erlauben gute Prognosen, wie sich die Leistung in einem bestimmten Bereich entwickeln wird. Das zeigte eine Untersuchung höchstintelligenter Jugendlicher (die intelligentesten ein Prozent ihres Altersjahrgangs): Mathematisch-räumliche Fähigkeiten etwa sagten Leistungen in Mathematik oder Informatik voraus, verbale Fähigkeiten Leistungen in den Sozial- und Geisteswissenschaften (Shea, Lubinski & Benbow, 2001). Allgemein können Unterschiede in Intelligenztestergebnissen zwischen 25 und 50 Prozent der Unterschiede in Schul-, Ausbildungs- oder Berufsleistungen erklären. Dieser sogenannte *gemeinsame Varianzanteil* zwischen Intelligenz und Leistung ist also beträchtlich: Kein anderes psychologisches Merkmal erreicht diese Vorhersagekraft. Deutlich wird aber auch, dass Intelligenz hohe Leistungen keineswegs garantiert – sie macht sie nur wahrscheinlicher. Auch andere Faktoren spielen dabei eine Rolle, vor allem, wenn es um Leistungs*exzellenz* geht. Das konnten Studien zeigen, die die Entwicklung hochintelligenter Kinder langfristig verfolgten. In der sicherlich bekanntesten, der Terman-Studie (vgl. Kapitel 5), wurden über 1500 Kinder untersucht, die zu den ein Prozent Intelligentesten ihrer Altersgruppe gehörten. Als Erwachsene waren sie in der Regel beruflich erfolgreich – zu einem «kreativen Genie» entwickelte sich jedoch keines dieser hochintelligenten Kinder.

Die Schwellenhypothese

Intelligenztestergebnisse sagen also Leistung generell recht gut voraus – nicht aber Leistungsexzellenz (Preckel & Vock, 2013). Aufgrund dieser Befunde wurde die sogenannte *Schwellenhypothese* formuliert: Während im unteren und mittleren Fähigkeitsbereich die Leistung einer Person auf der Grundlage ihrer Intelligenz gut vorhergesagt werden könne, finde sich ab einer bestimmten Begabungshöhe (der Schwelle) nur noch ein geringer oder gar kein Zusammenhang mehr zwischen Begabung und Leistung; noch höhere Intelligenz habe keinen zusätzlichen Nutzen. Für die Leistungsentwicklung seien dann eher Engagement, Ausdauer oder Erfolgsmotivation einer Person ausschlaggebend. Empirisch konnte die Schwellenhypothese allerdings nicht bestätigt werden: Selbst innerhalb der Gruppe der intelligentesten ein Prozent tragen Intelligenzunterschiede noch zur Vorhersage individueller Leistungsunterschiede bei (Lubinski, Webb, Morelock & Benbow, 2001). Das zeigt, dass Intelligenz auf allen Begabungsstufen das Leistungsvermögen positiv beeinflusst. Leistungsexzellenz hat immer vielfältige Ursachen – und Intelligenz ist eine davon.

Der Matthäus-Effekt

Dass Intelligenzmaße keine Prognosen für Leistungs*exzellenz* erlauben, wurde von der Expertiseforschung als Argument dafür herangezogen, angeborene Begabungen als unwichtig für die Leistungsentwicklung anzusehen. Sie stellte dagegen Übung und Erfahrung in den Vordergrund. Wie erfolgreich das Üben jedoch verläuft und wie gut jemand aus Erfahrungen lernt, hängt jedoch zum Teil wiederum von der Intelligenz ab. Der Zusammenhang zwischen Intelligenz und Expertiseerwerb lässt sich gut anhand des sogenannten *Matthäus-Effekts* verdeutlichen. Abgeleitet aus einem Vers des Matthäusevangeliums («Denn wer da hat, dem wird gegeben werden, dass er Fülle habe; wer aber nicht hat, von dem wird auch genommen, was er hat»), besagt dieser für unser Thema, dass intelligentere (also lernfähigere) Personen schnellere und größere Fortschritte im Wissenserwerb machen als weniger intelligente Personen. Diese Vorteile häufen sich über die Zeit an: Intelligenz hilft beim Wissenserwerb, umfangreiches und gut strukturiertes Vorwissen erleichtert wiederum das weitere Lernen. Diese Entwicklung ist natürlich kein Selbstläufer, sondern ihrerseits eingebettet in bestimmte soziale oder kulturelle Kontexte und damit abhängig von den Übungs- und Förderangeboten der Umwelt.

Ein kurzes Fazit

Am Ende dieses Kapitels können wir festhalten: So etwas wie eine angeborene Hochbegabung, die sich mit der Zeit von selbst entfaltet und dann bei einem Kind zu Exzellenz führt, scheint es nicht zu geben. Vielmehr haben außergewöhnliche Leistungen stets mehrere Ursachen. Neben angeborenen Fähigkeiten sind dies langfristig angelegte Lern- und Übungsprozesse, die aber nur dann erfolgversprechend sind, wenn sich die Person der Aufgabe verpflichtet, motiviert ist und an die eigenen Fähigkeiten glaubt. Wichtig ist dabei eine effektive Anleitung und Instruktion durch geschulte Lehrkräfte und die Unterstützung durch die Umwelt im weitesten Sinne. Welche Ursachen außergewöhnliche Leistungen wie stark beeinflussen, kann für jeden Menschen unterschiedlich sein. Daher gibt es vielfältige und durchaus unterschiedliche Wege zur Leistungsexzellenz.

2. Erkennen von Hochbegabung

Wie man Hochbegabte erkennt, das ist eine der Kernfragen, wenn es um das Thema Hochbegabung geht. Verständlicherweise wünschen sich gerade Eltern und Lehrkräfte klare Hinweise auf Merkmale, an denen sie ablesen können, ob sie es mit einem hochbegabten Kind oder Jugendlichen zu tun haben. Wie in Kapitel 1 beschrieben, beinhaltet die Definition von Hochbegabung immer auch eine Entscheidung darüber, für welchen Bereich diese Einschätzung gelten soll: Die Frage *«Hochbegabt wofür?»* (z. B. Sport oder Mathematik) muss also beantwortet werden. Je nach Antwort gelten dann andere Merkmale als Indikatoren für Hochbegabung. Allgemein gültige Kennzeichen kann es nicht geben. Das Konzept einer universellen Begabung spielt heute so gut wie keine Rolle mehr.

«Hochbegabt» versus «nicht hochbegabt» – zwei Welten?

Manchmal liest man, dass Hochbegabte sich von nicht Hochbegabten nicht nur quantitativ im Sinne von «früher, schneller und effizienter desselben» unterscheiden, sondern auch qualitativ, dass sie also beispielsweise anders denken, andere Bedürfnisse haben und sich insgesamt anders entwickeln. Diese Annahme ist durchaus plausibel, insbesondere, wenn man an außergewöhnliche Fälle wie Michael Kearney denkt. Sie ist jedoch in mehrfacher Hinsicht problematisch. Zum einen zeigen die meisten Forschungsergebnisse, dass sich Hochbegabte und nicht Hochbegabte eher graduell unterscheiden; kaum etwas deutet auf systematische, also für alle gültige qualitative Unterschiede hin. In einer Untersuchung zum mathematischen Problemlösen zeigten beispielsweise 475 mathematisch hochbegabte Neunjährige ähnliche Leistungen und Herangehensweisen wie 230 durchschnittlich begabte Dreizehnjährige (Threlfall & Hargreaves, 2008). Auch andere Untersuchungen fanden heraus, dass hochbegabte Kinder bereits solche Strategien einsetzen und flexibel handhaben können, die eigentlich erst bei erwachsenen Experten zu erwarten sind, und dass sie auch bereits über ein vergleichbares Faktenwissen verfügen (Shore, 2000). Das weist eher auf eine beschleunigte Entwicklung der Hochbegabten hin als auf qualitative Unterschiede.

Dennoch ist zu beachten, dass Entwicklungsvorsprünge und insbesondere eine so erstaunlich beschleunigte Entwicklung wie die von Michael Kearney zu besonderen Lebenssituationen führen können. Michael etwa teilte deutlich weniger Interessen mit Gleichaltrigen. Auch wenn die Fähigkeiten Hochbegabter besser im Sinne quantitativer Vorsprünge zu beschreiben sind, können sich durchaus im Laufe der Entwicklung qualitativ andere *Situationen* für Hochbegabte ergeben (in Kapitel 3 werden wir dieses Thema wieder aufgreifen). Diese möglichen Besonderheiten in der *Lebenssituation* lassen aber keine Rückschlüsse auf *persönliche* Besonderheiten zu.

Eine qualitative Unterscheidung von Hochbegabten und nicht Hochbegabten würde zudem suggerieren, dass wir es hier mit zwei unterschiedlichen Gruppen zu tun haben, die sich untereinander stark ähneln – im Sinne von «Hochbegabte versus der Rest». Hochbegabte sind aber keine homogene Gruppe. Ganz im Gegenteil scheint mit steigender Begabung die Vielfalt an Begabungsschwerpunkten und Persönlichkeitskonstellationen zu wachsen. Selbst wenn man Hochbegabung mit hoher Intelligenz gleichsetzt, ergeben sich vielfältige Möglichkeiten für Begabungsprofile. Am deutlichsten wird diese Heterogenität in systemischen Modellen abgebildet. *Die* Hochbegabten gibt es nicht.

Um Hochbegabung zu erkennen, benötigt man also keine völlig neuen Kategorien, sondern kann auf den Merkmalen aufbauen, die für viele Menschen kennzeichnend sind. Dies sollte sich auch in unserem Sprachgebrauch widerspiegeln. Wir erleben sehr oft, dass man von Hochbegabten in Abgrenzung zu Normalbegabten spricht. Sind Hochbegabte nicht normal? Diese Frage wollen wir am Beispiel der Intelligenzverteilung in der Bevölkerung klären.

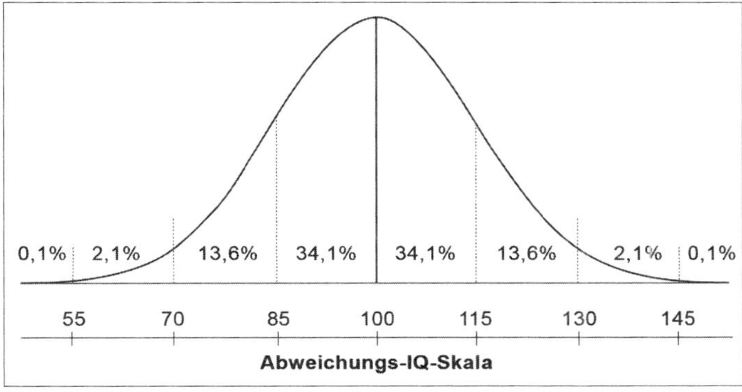

Abbildung 6: Standardnormalverteilung der Intelligenz

Die Verteilung der Intelligenz wird oft über eine sogenannte *Standardnormalverteilung* wie in Abbildung 6 veranschaulicht. Die mit «Abweichungs-IQ-Skala» bezeichnete horizontale Achse zeigt die Ausprägung der Intelligenz an. Der Abweichungs-Intelligenzquotient (kurz: der IQ) gibt an, wie sehr die Leistung einer Person in einem Intelligenztest nach oben oder nach unten vom Durchschnitt einer Bezugsgruppe abweicht, die für diese Person repräsentativ ist (für einen zehn Jahre alten Jungen z. B. alle Zehnjährigen). Die Intelligenz einer Person wird damit nicht im Vergleich zu allen anderen Personen eingeordnet, sondern immer im Vergleich zu denen, die mit ihr in wesentlichen Merkmalen wie Alter oder Muttersprache übereinstimmen. Die durch die vertikalen Achsen abgeteilten Flächen unter der Kurve geben die prozentuale Häufigkeit an, mit der die jeweiligen IQ-Werte in der Bezugsgruppe vorkommen. Unabhängig davon, welche Bezugsgruppe nun gilt, ist der mittlere Wert immer ein IQ von 100 und die Verteilung der IQ-Werte annähernd so wie in Abbildung 6 dargestellt. Für das Vorliegen einer Hochbegabung wird häufig ein IQ von 130 und höher als Grenzwert genannt. Solche hohen Werte kommen zwar eher selten vor (nur in gut zwei Prozent der Fälle), sind nach der Normalverteilung aber zu erwarten. In diesem Sinne ist Hochbegabung normal, da sie in das zu erwartende Spektrum menschlicher Möglichkeiten fällt. Um Hochbegabte von anderen Begabungsgruppen abzugrenzen, wäre es also besser, von «nicht Hochbegabten» oder «durchschnittlich Begabten» anstatt von «Normalbegabten» zu sprechen. Sprache schafft Realität und kann so auch zur Verfestigung falscher Vorannahmen über Hochbegabte beitragen (vgl. Kapitel 3). Wie zudem bereits oben erwähnt, ist Hochbegabung eher im Sinne quantitativer als qualitativer Merkmalsunterschiede zu verstehen. Damit ist jede Grenzwertsetzung (auch die eines IQ von 130 oder höher) nicht naturgegeben, sondern in gewissem Maße willkürlich. Ab einem solchen Grenzwert beginnt keine «neue Welt»; es geht vielmehr um graduelle Unterschiede.

2.1 Informationsquellen

Aktuell identifiziert man Hochbegabung meist über Merkmale der Person – was eine gewisse Schieflage mit sich bringt, wenn man sich vor Augen führt, wie komplex das Thema in neueren Hochbegabungsmodellen abgebildet wird. Die meisten Verfahren zur Erkennung von Hochbegabung berücksichtigen Umwelt- und Entwicklungsaspekte sowie die hier denkbaren Interaktionen nicht oder kaum. Hier besteht also noch Handlungsbedarf! Personenbezogene Merkmale wie Intelligenz, Kreativität oder Motivation lassen sich jedoch bereits sehr gut mit den Verfahren der psychologischen Diagnostik einschätzen; Leistungen sind zudem je nach Umfeld relativ leicht feststellbar. Auch wir werden uns bei der Vorstellung der Informationsquellen auf Merkmale der Person konzentrieren. Dabei sollte aber mitgedacht werden, dass diese sich immer in einem bestimmten sozialen, physikalischen oder pädagogischen Umfeld entwickeln.

Informationsquellen unter einer Entwicklungsperspektive

Beim Erkennen von Hochbegabung muss man berücksichtigen, dass Menschen sich entwickeln und verändern. Hochbegabung im Kindesalter ist etwas anderes als Hochbegabung im Erwachsenenalter. Entsprechend gibt es auch keine zuverlässigen frühen Anzeichen für eine Hochbegabung (auch nicht frühes Lesen oder Schreiben). Bei Säuglingen scheint am ehesten das Aufmerksamkeitsverhalten, bei Kleinkindern die Neugierde, die Interessen sowie die Sprachentwicklung mit den späteren Denkfähigkeiten zusammenzuhängen. In der Kindheit kann Hochbegabung als ein noch eher undifferenziertes hohes Potenzial für viele Bereiche verstanden werden. Zwar können sich auch hier schon relative Stärken andeuten (z. B. Sprache, Aufmerksamkeit, Motorik), doch ist die Entwicklung insgesamt durch einen großen Spielraum *(Plastizität)* gekennzeichnet. Mit zunehmendem Alter und insbesondere im Jugendalter differenzieren sich dann die Begabungsbereiche stärker aus. Interessen bestimmen, womit jemand seine Zeit verbringt – und meist interessiert einen das, was man gut kann. Übungsgelegenheiten sind nicht in allen Bereichen gleichermaßen vorhanden, sondern je nach Umwelt in unterschiedlichem Maße verfügbar. Leistungen werden damit zunehmend bereichsspezifischer. Diese Prozesse führen dazu, dass man sich auf wenige Tätigkeitsbereiche konzentriert. Im Erwachsenenalter nimmt diese Fokussierung oft noch zu. Hochbegabung im Erwachsenenalter kann daher auch als hochdifferenzierte Expertise, also als Resultat langjähriger Übung und Erfahrung in einem bestimmten Bereich, verstanden werden (Dai, 2010).

Für das Erkennen von Hochbegabung folgt aus dieser entwicklungsbezogenen Perspektive, dass es bei Kindern vorwiegend darum geht, ihr Potenzial mit einem breiten Suchfokus zu entdecken, anstatt spezielle Fähigkeiten aufzudecken. Bei älteren Kindern und Jugendlichen sollten zunehmend unterschiedliche Begabungsbereiche und auch bereits entwickelte Fähigkeiten und Leistungen beachtet werden. Jedoch können Begabung und Leistungen auch auseinanderklaffen, was das Erkennen von Hochbegabung besonders schwierig macht (siehe Kapitel 2.2 zu «Underachievement»). Um Hochbegabung bei Erwachsenen zu erkennen, werden weniger Begabungen als vielmehr Ergebnisse berücksichtigt, denn die Entwicklung außergewöhnlicher Leistungen ist ohne eine Vergangenheit sukzessiver Leistungssteigerung (mit anderen Worten: eine erfolgreiche Lerngeschichte) zwar möglich, wie das Beispiel der «late bloomers» in Kapitel 1 zeigt, aber dennoch äußerst selten. Das Erkennen von Hochbegabung verschiebt sich mit dem Alter damit zum einen von einer Begabungs- hin zu einer Leistungsperspektive, zum anderen wird es zunehmend bereichsspezifischer.

Testverfahren

Wenn man Hochbegabung mit Testverfahren ermitteln will, steht die Intelligenzdiagnostik klar im Vordergrund; aber auch Kreativität und weitere Persönlichkeitsmerkmale wie Motivation können erfasst werden. Bevor wir auf diese Bereiche eingehen, soll jedoch kurz dargestellt werden, was ein psychologischer Test eigentlich genau ist.

Was sind psychologische Tests?

Psychologische Tests sind Zusammenstellungen von Aufgaben oder Fragen, die Aufschluss über psychologische Merkmale geben. Die Auswahl dieser Aufgaben und Fragen muss wissenschaftlich begründet sein; generell müssen psychologische Testverfahren hohen Anforderungen an ihre Güte standhalten. Zum einen muss sichergestellt werden, dass die Tests *objektive* Ergebnisse liefern, denn das Ergebnis soll unabhängig davon sein, wo und von wem ein Test durchgeführt und ausgewertet wird. Testleiterinnen und -leiter bekommen verbindliche Vorgaben zur standardisierten Durchführung und Auswertung; es ist eindeutig geregelt, wie Aufgabenstellungen gegenüber den Testpersonen formuliert werden und für welche Antwort welche Anzahl von Punkten vergeben wird. Um nun Einzelleistungen bewerten zu können (zum Beispiel als «überdurchschnittlich» oder «selten»), werden Tests *normiert*. Vor der Veröffentlichung eines Tests wird eine möglichst große und für die späteren Testpersonen repräsentative Gruppe getestet, sodass sich ein Einzelergebnis zu der Ergebnisverteilung dieser Gruppe in Bezug setzen lässt. Psychologische Merkmale werden im Test in Zahlenwerte übersetzt und so quantifiziert; aber erst die Normen ermöglichen Vergleiche zwischen verschiedenen Personen. Solche Normen müssen immer wieder aktualisiert werden, da sich Testleistungen im Laufe der Zeit verändern können. In den letzten Jahrzehnten war beispielsweise bei Intelligenztests ein durchschnittlicher Anstieg der Testleistungen zu beobachten, der nach seinem Entdecker als *Flynn-Effekt* bezeichnet wird. Daher sollten die Normen bei Intelligenztests nicht älter als zehn Jahre sein. Psychologische Testverfahren müssen zudem *gültige* Ergebnisse erbringen und nachweisbar das messen, was sie zu messen beanspruchen. So wie ein Thermometer eine Messung der Temperatur vornehmen kann, für die Bestimmung der Zeit aber kaum geeignet ist, so kann ein psychologischer Test beispielsweise sehr genaue Einschätzungen des momentanen Stresserlebens, aber keinerlei Grundlage zur Einschätzung der Intelligenz. Psychologische Tests müssen weiterhin *zuverlässig* sein. Würde man eine Person nach einem gewissen zeitlichen Abstand nochmals testen und wüsste man, dass sich das zu messende Merkmal bei der Person nicht verändert hat, so sollte ein zuverlässiger Test zu beiden Testgelegenheiten annähernd gleiche Ergebnisse erbringen (unter Berücksichtigung des Messfehlers – denn kein psychologischer Test misst absolut fehlerfrei). Eine sachgerechte Anwendung und Auswertung psychologischer Tests und vor allem auch die Interpretation der Ergebnisse sind äußerst anspruchsvolle Aufgaben. Psychologische Tests sollten daher nur von dafür qualifizierten Personen durchgeführt werden (Psychologinnen und Psychologen, z. T. auch Sonderpädagoginnen und -pädagogen).

Intelligenztests

Im ersten Kapitel (1.2 «Hochbegabung als hohe Intelligenz») haben wir bereits beschrieben, wie Intelligenz in der Psychologie derzeit definiert wird. Demnach umfasst Intelligenz wesentliche Fähigkeiten zum Lernen und Problemlösen, die je nachdem, wie breit sie unterschiedliche Tätigkeiten beeinflussen, hierarchisch angeordnet werden können. Für Intelligenz gilt das Gleiche wie für Hochbegabung: Sie ist ein Konstrukt, das in Abhängigkeit vom jeweiligen gesellschaftlich-kulturellen Kontext definiert wird. Unsere westliche Vorstellung von Intelligenz berücksichtigt Denkfähigkeiten, die in unserer Umwelt zweckmäßig sind. In anderen Kulturkreisen können Fähigkeiten durchaus anders gewichtet werden. Während wir beispielsweise schnellere Denkleistungen oft besser bewerten, gilt in anderen Kulturen Schnelligkeit eher als Makel, Gründlichkeit und Tiefe dagegen als Qualitätsmerkmal (Sternberg, 2000).

Tests können stets nur einen Ausschnitt aus dem möglichen Spektrum menschlicher Denkfähigkeiten abbilden. Kein Test erfasst alle Aspekte der Intelligenz; verschiedene Tests erfassen zum Teil unterschiedliche Bereiche. Es gibt daher nicht *den* IQ – je nach Test umfasst diese Maßzahl unterschiedliche Fähigkeiten. Zudem liefern Tests immer eine Momentaufnahme; Testleistungen unterliegen etwa kleineren tageszeitlichen Schwankungen, und insgesamt verändert sich die Intelligenz im Laufe des Lebens.

Je jünger eine Person ist, desto eher wird es bei der Intelligenztestung darum gehen, ihr Potenzial breit zu erfassen. Bei Kindern ist die *fluide Intelligenz*, also die Fähigkeit zum Problemlösen und zur geistigen Anpassung an neue Aufgabenstellungen ohne Rückgriff auf gelerntes Wissen, ein guter Indikator für die weitere kognitive Entwicklung (Baudson & Preckel, 2012a). Nach der *Investment-Theorie* (Cattell, 1987) wird die fluide Intelligenz in den Aufbau weiterer Fähigkeiten und den Erwerb von Wissen «investiert», zum Beispiel beim Aufbau des Wortschatzes oder des mathematischen Wissens. Solche durch Lernen und Bildung erworbenen Fähigkeiten werden als *kristalline Intelligenz* bezeichnet. Die Investition fluider Intelligenz in den Erwerb von Wissen und Fertigkeiten gelingt umso besser, je reicher und vielfältiger die Anregungen und Lernangebote in der Umwelt sind. Die meisten Intelligenztests erfassen sowohl fluide als auch kristalline Fähigkeiten und bilden damit die komplexe Interaktion zwischen Lernfähigkeit und Lerngelegenheiten ab.

Viele Tests erfassen mehrere Bereiche der Intelligenz, sodass Begabungsprofile erstellt werden können, welche gute Vorhersagen für die weitere Entwicklung erlauben. Tests, die vielfältige Bereiche der Intelligenz abdecken, werden auch als *Intelligenzstrukturtests* bezeichnet. Die meisten verfügbaren Intelligenztests wurden jedoch ursprünglich nicht dazu konstruiert, extrem hohe Intelligenz differenziert mit Begabungsschwerpunkten zu erfassen. Zum Teil sollten sie dazu dienen, Intelligenzminderung zu erkennen; die meisten Verfahren wurden jedoch so zusammengestellt, dass sie vor allem im Durchschnittsbereich gut messen (bei Abbildung 6 etwa zwischen einem IQ von 85 und 115). Entsprechend enthalten viele Tests für die Intelligenzdiagnostik im Bereich sehr hoher Begabung zu wenige schwere Aufgaben: Eine hoch intelligente Testperson löst hier nicht selten alle Aufgaben und stößt damit quasi «an die Decke» des Tests (man spricht deshalb auch von *Deckeneffekten*). Aussagen über relative Stärken und Schwächen sind so nicht mehr möglich – denn man weiß ja nicht, wie weit die Person gekommen wäre, wenn es schwerere Aufgaben gegeben hätte. Daher sollten für Hochbegabte solche Intelligenztests ausgewählt werden, die auch noch im Bereich sehr hoher Begabung differenziert messen können (einen Überblick über Testverfahren liefern Preckel & Vock, 2013; Hintergrundinformationen zu Intelligenztests geben Preckel & Brüll, 2008).

Intelligenz ist das Kernmerkmal vieler Definitionen von (intellektueller) Hochbegabung, und sie lässt sich mit Testverfahren gut abschätzen. Dabei ist aber stets zu beachten, dass eine Intelligenzdiagnostik dazu dienen sollte, eine konkrete diagnostische Frage zu beantworten (z. B. ob ein Kind die kognitiven Voraussetzungen hat, um eine Klasse zu überspringen oder um vorzeitig eingeschult zu werden). Es erscheint uns aufgrund der Komplexität und Vielgestaltigkeit des Phänomens Hochbegabung kaum sinnvoll, Hochbegabung allein über einen Intelligenztestwert (z. B. als IQ von 130 und darüber) zu definieren. Im Forschungskontext, in dem es um große Gruppen und verallgemeinerbare Aussagen geht, mag dies zweckmäßig sein, in der pädagogischen Praxis eher nicht. Jeder Intelligenztest misst etwas unterschiedliche Fähigkeiten; wenn man Hochbegabung allein an einem Testergebnis festmachen würde, so würde der jeweilige Test quasi darüber bestimmen, wer hochbegabt wäre und wer nicht. Und das kann sich von Test zu Test durchaus unterscheiden! Um Tests intelligent zu nutzen, sollten sie jeweils *spezifisch* und *passend zur Fragestellung* ausgewählt und um weitere Informationen ergänzt werden (z. B. in welcher Situation sich jemand gerade befindet oder wie die bisherige Entwicklung verlaufen ist).

Mit diesen Einschränkungen können Intelligenztests als das Mittel der Wahl zur Einschätzung der Denkfähigkeiten einer Person gelten: Kein anderes Verfahren erlaubt vergleichbar objektive, genaue und gültige Aussagen (siehe auch den Abschnitt «Intelligenz und Leistungsexzellenz» in Kapitel 1).

Tests des divergenten Denkens als Hinweis auf das kreative Potenzial

Viele Hochbegabungsmodelle enthalten Kreativität als eigenen Begabungsbereich oder als Element von Hochbegabung. Renzulli, dessen *Drei-Ringe-Modell* wir im ersten Kapitel vorgestellt haben, unterscheidet beispielsweise zwischen «schoolhouse giftedness» (hohe Fähigkeiten und Motivation) und «creative productive giftedness» (hohe Fähigkeiten, Motivation und Kreativität). Kreativität – vom lateinischen *creare*, «schaffen» – bezieht sich auf willentliche Schaffensprozesse, die etwas Neuartiges und Wertvolles hervorbringen. Ein wesentlicher Teilbereich der Kreativität ist die Fähigkeit, zahlreiche und sehr unterschiedliche Ideen zu generieren. Diese Fähigkeit wird als *divergentes Denken* bezeichnet. Kreativität als Ganzes ist mittels Testverfahren nicht erfassbar, das divergente Denken sehr wohl. Auch wenn divergentes Denken nicht dasselbe ist wie Kreativität, so ist es neben Neugier, Fantasie oder Vorstellungsvermögen doch ein Merkmal, das kreative Denkleistungen mit vorhersagen kann.

Bei den meisten Intelligenztestaufgaben geht es darum, die *eine* richtige Lösung zu finden (sogenanntes *konvergentes Denken*). Beim divergenten Denken sollen dagegen vielfältige und möglichst unterschiedliche sowie originelle Lösungen produziert werden (wie z. B. die Nennung unterschiedlicher Verwendungsmöglichkeiten für einen Gegenstand oder die Bildung möglichst verschiedener Gegenstände mit vorgegebenen Figuren). Das konvergente Denken und das divergente Denken ergänzen einander. Das wird deutlich, wenn man sich einmal ansieht, wie Probleme generell gelöst werden. Der amerikanische

Psychologe Joy Paul Guilford (1950) unterscheidet dabei vier Phasen: (1) Erkennen eines Problems; (2) Produzieren einer Vielzahl von problembezogenen Ideen; (3) Auswählen der für die Problemlösung relevantesten Ideen; (4) problemrelevantes Schlussfolgern. Divergentes Denken wird vor allem bei der Ideengenerierung benötigt, konvergentes Denken bei der Bewertung und Auswahl der Ideen. Problemlösen schließt damit divergentes (kreatives, flüssiges, flexibles, originelles Denken) und konvergentes (intellektuelles, schlussfolgerndes, urteilendes) Denken mit ein.

Allein über Tests des divergenten Denkens lassen sich hochkreative Personen allerdings kaum finden: Die Leistung in solchen Tests hängt zwar durchaus positiv mit kreativen Leistungen im Alltag zusammen, allerdings nicht in einem besonders hohen Maß (Cropley, 2000). Um hohe kreative Begabung zu erkennen, müssen Tests des divergenten Denkens durch weitere Informationen wie biografische Angaben, Fragebögen zur Persönlichkeit und Motivation, Selbst- und Fremdeinschätzungen oder Expertenurteile ergänzt werden (einen Überblick hierzu gibt Runco, 2010).

Fragebögen zu Persönlichkeitseigenschaften

Mit psychologischen Tests lassen sich nicht nur Leistungen wie Intelligenz oder Kreativität erfassen, sondern auch Persönlichkeitsmerkmale, die eher Alltagserleben und -verhalten abbilden. Bei diesen Persönlichkeitsfragebögen geht es darum, wie jemand *typischerweise* ist, nicht darum, welche *maximale* Leistung er oder sie erbringen kann. Der Testperson werden zumeist verschiedene Aussagen vorgelegt (z. B. «Wenn mich ein Thema interessiert, dann suche ich mir viele Informationen dazu» oder «Vor Prüfungen habe ich Angst»). Die Aufgabe besteht darin einzuschätzen, wie gut diese Aussagen die eigene Person beschreiben. Das Ausfüllen dieser Fragebögen setzt natürlich eine gewisse Selbstkenntnis voraus. Doch auch diese Persönlichkeitsfragebögen erfüllen die für Tests genannten Gütekriterien der Objektivität, Gültigkeit und Zuverlässigkeit.

Persönlichkeitsmerkmale im Sinne typischen Verhaltens sind

in manchen Hochbegabungsmodellen ein Teilaspekt von Hochbegabung (z. B. Aufgabenverpflichtung in Renzullis Modell); in anderen Modellen sind sie Hilfsmittel für die Umsetzung von Begabung in Leistung (z. B. bei Gagné). Wir möchten hier zwei solcher Merkmale exemplarisch vorstellen, die uns im Zusammenhang mit dem Thema Hochbegabung besonders interessant erscheinen: das Selbstkonzept der eigenen Fähigkeiten und die Freude am Denken. Das Selbstkonzept eigener Fähigkeiten trägt maßgeblich dazu bei, ob das eigene Potenzial auch in Leistung umgesetzt werden kann; die Freude am Denken macht den Wissensdurst vieler Hochbegabter nachvollziehbar.

Das *Selbstkonzept der eigenen Fähigkeiten* umfasst die Einschätzungen eines Menschen über seine eigenen Fähigkeiten. Diese Einschätzungen entwickeln sich vor allem in Abhängigkeit davon, welche Rückmeldungen jemand über seine Fähigkeiten erhält und in welchem Umfeld er oder sie sich befindet (in einem extrem leistungsstarken Umfeld wird eine Person ihre Fähigkeiten beispielsweise geringer einschätzen, als wenn sie mit anderen, weniger fähigen Personen zusammen wäre). Das Selbstkonzept eigener Fähigkeiten muss also nicht mit den tatsächlichen Fähigkeiten übereinstimmen. In manchen Situationen (insbesondere dann, wenn man seine Umgebung wechselt und mit neuen Aufgaben konfrontiert wird) ist nun dieses Selbstkonzept eigener Fähigkeiten genauso relevant für die spätere Leistung wie die Intelligenz. Wer sich nichts zutraut, geht zögerlich an die Dinge heran, hat eher Angst, Fehler zu machen, und probiert nur wenig aus. All das beeinträchtigt die eigene Entwicklung und Leistung – auch bei hoher Intelligenz!

Unser zweites Beispiel ist die *Freude am Denken* – oder auch die sogenannte *kognitive Motivation*. Wir wissen zwar noch relativ wenig darüber, wie sich diese entwickelt, finden aber bereits bei Kindern große Unterschiede darin, wie viel Spaß ihnen das Denken macht oder wie gerne sie von sich aus Situationen aufsuchen, die Nachdenken erfordern. Diese Freude am Denken geht mit dem Bedürfnis nach kognitiver Stimulation und Herausforderung einher; wird dieses nicht erfüllt, leidet das Wohlbefinden. Die Freude am Denken ist durchaus von der Fähigkeit zum Denken abzugrenzen. Richtig interessant für die Hochbegabtenforschung wird es, wenn beides zusammenkommt: Die Kombination aus hoher Denkfähigkeit und dem Bedürfnis nach kognitiver Aktivität sowie Freude an dieser können für die kognitive Entwicklung als besonders günstig angesehen werden und den Wissensdurst vieler Hochbegabter besser verständlich machen. So formulierte bereits 1920 der deutsche Psychologe William Stern (1871–1938): «Es sei noch besonders hervorgehoben, daß diese enge Verknüpftheit der I[ntelligenz] mit anderen Seelenfunktionen [...] auch auf das Willens- und Gemütsleben hinübergreift. [...] Bezüglich des Gemütsanteils empfiehlt es sich vielleicht, zwischen Intelligenz und *Intellektualität* zu scheiden. Intelligenz ist die Fähigkeit zu geistigen Neuanpassungen, Intellektualität die *Neigung* hierzu. Beim ‹intelligenten› Menschen ist nur von dem geistigen Mittel die Rede, über das er zur Erreichung beliebiger Zwecke verfügt; beim ‹Intellektuellen› wird die Handhabung dieses Mittels selbst zu einem gefühlsbetonten Zweck; das Leben im Gedanklichen wird ihm zu einer Gemütssache» (Stern, 1920, S. 6 f.; Hervorhebung im Original).

Mit diesen Beispielen – dem Selbstkonzept eigener Fähigkeiten sowie der Freude am Denken – möchten wir zwei Punkte aufzeigen. Zum einen können Eigenschaften einer Person ihre Leistungsentwicklung manchmal ähnlich gut vorhersagen wie ihre Fähigkeiten. Zum anderen sind Fähigkeiten wie Intelligenz oder Kreativität nicht unabhängig von der Persönlichkeit eines Menschen zu verstehen. Persönlichkeitsfragebögen können damit einen wertvollen Beitrag für das Erkennen von Hochbegabung oder für das Potenzial zum Erwerb von Expertise leisten.

Selbst- und Fremdeinschätzungen

Häufig sind es Eltern oder Lehrkräfte, die eine Hochbegabung bei einem Kind vermuten und es dann für eine bestimmte Fördermaßnahme vorschlagen. Manchmal schlagen sich Personen auch selbst vor, wie zum Beispiel für die Teilnahme an Sommerkursen der Deutschen SchülerAkademie. Wie gut lässt sich Hochbegabung mit solchen Fremd- oder Selbsteinschätzungen erkennen?

Einschätzungen durch Lehrkräfte und Eltern

Lehrkräfte sind oft besser als ihr Ruf, wenn es darum geht, die Fähigkeiten ihrer Schülerinnen und Schüler einzuschätzen. Sie können zur Einschätzung eines einzelnen Kindes zudem auf eine recht große Vergleichsgruppe Gleichaltriger zurückgreifen. Doch gibt es große Unterschiede zwischen den einzelnen Lehrkräften: Während es einigen erstaunlich gut gelingt, hochbegabte Kinder zu erkennen, sind andere darin kaum erfolgreich (Siegle & Powell, 2004). Viele Lehrkräfte setzen zudem hohe Begabung mit sehr guten Noten gleich. So werden zwar leistungsstarke hochbegabte Kinder recht gut erkannt; hochbegabte Kinder, die schulisch unter ihren Möglichkeiten bleiben (sogenannte *Underachiever;* vgl. den Abschnitt in 2.2), werden jedoch so gut wie immer übersehen. Zudem benennen Lehrkräfte zwei bis drei Mal so viele Jungen wie Mädchen – obwohl es genauso viele hochbegabte Jungen wie Mädchen gibt. Insgesamt zeigten Studien, dass Lehrkräfte knapp die Hälfte aller Hochbegabten erkennen, aber gleichzeitig auch viele nicht Hochbegabte für hochbegabt halten (hier wurde in der Regel ein IQ-Kriterium für Hochbegabung herangezogen). Unter allen als hochbegabt Nominierten fanden sich daher auch zwischen 50 und 70 Prozent nicht Hochbegabte bzw. umgekehrt nur 30 bis 50 Prozent tatsächlich Hochbegabte (Baudson, 2010a).

Im Vorschulalter sind es vor allem Eltern, die hohe Begabung erkennen. Sie erleben die Entwicklung ihres Kindes und können es in einer Fülle sehr unterschiedlicher Situationen beobachten. Etlichen Eltern gelingt die Einschätzung der Intelligenz ihres Kindes recht gut. Aber genau wie Lehrkräfte unterscheiden sich auch Eltern in ihrer Einschätzungsfähigkeit. Ihre Urteile unterliegen ähnlichen systematischen Verzerrungen (auch Eltern vermuten eine Hochbegabung häufiger bei ihren Söhnen als bei ihren Töchtern). Zudem neigen Eltern dazu, die Fähigkeiten ihrer Kinder zu überschätzen. Dies ist in vielen Zusammenhängen durchaus wünschenswert, und es scheint so zu sein, dass mehr Hochbegabte durch ihre Eltern als durch ihre Lehrkräfte erkannt werden. Doch werden durch Eltern eben auch mehr nicht

Hochbegabte fälschlicherweise als hochbegabt benannt als durch Lehrkräfte. Das Vorurteil der überehrgeizigen Eltern, die sich unbedingt ein hochbegabtes Kind wünschen, lässt sich jedoch in den allermeisten Fällen nicht bestätigen (Arnold & Preckel, 2011).

Was nützen Checklisten für Eltern und Lehrkräfte?

Der nur mäßige Erfolg von Eltern- und Lehrereinschätzungen für das Erkennen von Hochbegabung lässt sich auch durch den Einsatz von sogenannten *Checklisten* nicht verbessern. Das sind Listen, in denen Merkmale aufgeführt sind, die für hochbegabte Kinder typisch sein sollen, etwa: «Das Kind ... überrascht häufig durch originelle Ideen oder Vorschläge / ... hat eine ausdrucksvolle, ausgearbeitete und flüssige Sprache / ... kann außergewöhnlich gut beobachten.» Checklisten sind für das Erkennen Hochbegabter kaum brauchbar; das gilt gleichermaßen für Checklisten für Lehrkräfte wie für Checklisten für Eltern (Perleth, 2010). Warum ist das so? Viele der darin angeführten Merkmale sind eben nicht typisch für Hochbegabte, die, wie oben bereits dargelegt, eine sehr heterogene Gruppe bilden. Etliche Merkmale sind zudem sehr vage formuliert. Bei bewertenden Aussagen bleibt die Entscheidung darüber, was man unter «außergewöhnlich gut» oder «häufig» versteht, einem selbst überlassen. Checklisten können aber dennoch von Nutzen sein. In Kombination mit entsprechendem Training können sie für bestimmte Merkmale sensibilisieren und damit beispielsweise helfen, Lehrereinschätzungen zu verbessern.

Selbsteinschätzungen

Verschiedene Begabtenförderprogramme wie die Deutsche SchülerAkademie oder Studienstiftungen erlauben Selbstvorschläge. Diese setzen allerdings voraus, dass jemand die eigenen Fähigkeiten und Leistungen angemessen einschätzen kann. Wenn man sich aber die Forschungsbefunde ansieht, wie etwa Selbsteinschätzungen der eigenen Intelligenz mit Testergebnissen zusammenhängen, ist die Bilanz eher ernüchternd: Nur knapp zehn Prozent der Unterschiede in den Testleistungen können über die selbst eingeschätzte Intelligenz erklärt werden (Freund & Kasten, 2012). Wie bereits oben beim Selbstkonzept eigener Fähigkeiten beschrieben, hängen Selbsteinschätzungen nur zum Teil von tatsächlichen Fähigkeiten ab. Zudem wird sich kaum jemand für eine Maßnahme selbst vorschlagen, der nicht auch durch die Umwelt ermutigt und unterstützt wird (z. B. in der Klasse oder Schule). Hier sehen verschiedene Begabungsforschende aber auch ein Potenzial für das Erkennen von Hochbegabung: Denn man könnte ja durch das Herstellen entsprechender Bedingungen auch gezielt dazu beitragen, dass jemand das eigene Potenzial erkennt – insbesondere Bedingungen wie ein reiches und offenes Lern- und Betätigungsfeld, in dem ein Mensch seine eigenen Fähigkeiten erst einmal entdecken kann und lernt, diese selbstbewusst zu vertreten.

(Schul-)Leistungen

Wenn Hochbegabung über Leistung definiert wird (wie bei Performanzdefinitionen oder Expertiseansätzen), liegt es natürlich nahe, die Leistungen zum Erkennen von Hochbegabung heranzuziehen. Was jeweils als außergewöhnliche Leistung gilt, hängt dann vom jeweiligen Umfeld ab (siehe hierzu auch Sternbergs Kriterien für Hochbegabung aus dem ersten Kapitel). Doch auch, wenn man Hochbegabung über ein hohes *Potenzial* für Leistung definiert, liefern Leistungsdaten wertvolle Hinweise, etwa, wenn es darum geht, ob eine Person sich gemäß ihren Möglichkeiten entwickelt oder ob sie bestimmte Voraussetzungen für ein Förderprogramm mitbringt. Gerade wenn Exzellenz in einem bestimmten Bereich gefördert werden soll, muss neben der Begabung auch das fachspezifische Leistungsniveau berücksichtigt werden. Wie aus der Expertiseforschung bzw. dem Vergleich von Experten und Anfängern bekannt, ist am Anfang eines Lernprozesses eher die Begabung oder das generelle Denkvermögen entscheidend; mit zunehmendem Fortschritt werden Vorwissen und bereichsspezifische Erfahrung jedoch immer wichtiger. Je genauer die Förderziele definiert sind (z. B. vertiefter Erwerb mathematischer Fachkenntnisse), desto bedeutsamer sind fachspezifische Vorkenntnisse, Leistungen und auch Interessen für eine erfolgreiche Teilnahme (Lohman, 2005). Auch bei Fördermaßnahmen mit deutlichem Eingriff in die Schullaufbahn (z. B. Überspringen einer Klassenstufe oder Wechsel in eine Förderklasse für Hochbegabte) ist eine Leistungsdiagnostik angezeigt, um festzustellen, ob die nötigen Vorkenntnisse vorhanden sind.

Schulnoten

Leistungen werden in allen Lebensbereichen erbracht. Exemplarisch befassen wir uns hier mit Noten als Maß für Schulleistungen und ihrem Wert für das Erkennen von Hochbegabung. Schulnoten hängen einerseits positiv mit der Intelligenz zusammen, andererseits aber auch mit späteren Leistungen in Studium, Berufsausbildung und Beruf. Je besser die inhaltliche Passung (z. B. Mathematiknote und Ingenieurstudium), desto enger der Zusammenhang. Insgesamt gilt jedoch, dass Einzelnoten wenig aussagekräftig sind. Berechnet man aber den Durchschnitt aus vielen verschiedenen Noten, die von unterschiedlichen Lehrkräften über einen längeren Zeitraum vergeben wurden – wie das zum Beispiel bei der Abiturnote geschieht –, so kann man mit einer gewissen Gültigkeit Rückschlüsse aus Schulnoten auf die Begabung und Leistungsfähigkeit eines Menschen ziehen.

Was heißt das nun konkret? Wie jede Leistung sind auch Schulnoten durch viele Faktoren bedingt. Noten dienen nicht nur der reinen Leistungsrückmeldung, sondern erfüllen viele weitere pädagogische und gesellschaftliche Zwecke wie Disziplinierung oder Selektion. Lehrkräfte vergeben zudem individuelle Noten häufig relativ zu den Noten der anderen Schülerinnen und Schüler *innerhalb* einer Klasse *(soziale Bezugsnorm)*. Je leistungsstärker eine Klasse ist, desto schwerer wird es folglich, eine gute Note zu erhalten. Noten sind daher über Klassen hinweg nur eingeschränkt vergleichbar. Die Zusammenhänge zwischen Noten, Intelligenz und anderen Leistungen schwanken daher insgesamt stark und sind in der Zusammenschau vieler Einzelbefunde maximal mittelgroß. Viele Hochbegabte sind zwar in der Schule durchaus erfolgreich, doch nicht alle hochintelligenten Kinder sind Einserschülerinnen oder -schüler und nicht alle schulisch Erfolgreichen hochintelligent. Auch mit wenig herausragenden Schulleistungen kann man später beruflich erfolgreich sein, wie einige prominente Beispiele zeigen. Schulleistungen oder Noten sind damit kein sicherer Indikator für Hochbegabung. Sie liefern jedoch, wie eingangs dargestellt, brauchbare Hinweise auf vorhandenes Vorwissen, was zunehmend wichtig wird, je älter ein Kind ist (vgl. weiter oben «Informationsquellen unter einer Entwicklungsperspektive») und je stärker eine Förderung auf Leistungsexzellenz und auf bestimmte Bereiche hin ausgerichtet ist.

2.2 Herausforderungen beim Erkennen Hochbegabter

Hochbegabte werden umso eher erkannt, je mehr ihre Stärken in Bereichen liegen, die in ihrem Umfeld oder der Schule abgefragt und gefördert werden, je breiter ihre Begabung und je höher ihre soziale Kompetenz ist und je stärker ihre Begabungsentwicklung durch Familie und Umfeld unterstützt wird. Je weniger dieser Merkmale bei einer oder einem Hochbegabten vorhanden sind, desto eher wird die Hochbegabung übersehen. Auch bestimmte Gruppenzugehörigkeiten wie Geschlecht, Migrationsstatus oder soziale Schicht, die weder mit Begabung noch Leistung in einem direkten Zusammenhang stehen, können – zum Beispiel aufgrund falscher Vorurteile – dazu führen, dass hohe Begabung weder erkannt noch gefördert wird. Wie unter anderem die PISA-Studie gezeigt hat, hängen gerade in Deutschland Bildungschancen in starkem Maße von der Herkunft ab. Zwar stammen Hochbegabte häufig aus Familien mit höherem sozioökonomischem Status und Bildungsniveau. Das allein *verursacht* aber noch keine Hochbegabung: Hochbegabte Kinder werden lediglich mit höherer Wahrscheinlichkeit als solche erkannt, wenn sie aus Familien mit höherem Bildungsstatus kommen (Rost & Albrecht, 1985). Für Kinder aus bildungsferneren Familien oder Familien mit geringerem sozioökonomischen Status gibt es nach wie vor vielfältige Hürden für ihre Leistungsentwicklung und damit auch für das Erkennen ihrer besonderen Begabung: beispielsweise mangelnde ökonomische und Bildungsressourcen oder geringe Bildungsaspirationen auf Seiten der Eltern, zu wenig niederschwellige Beratungs- und Förderangebote, fehlende Vorbilder oder gesellschaftliche Vorurteile und Ausgrenzung. Bei Kindern mit Migrationshintergrund ergibt sich neben möglichen Sprachbarrieren oder kulturellen Unterschieden in der Definition dessen, was als erstrebenswert gilt, für das Erkennen hoher Begabung das besondere Problem, dass es kaum Testverfahren gibt, die Normen für nicht deutsche Muttersprachlerinnen oder Muttersprachler anbieten. Ein geringer sozioökonomischer Status oder Zugehörigkeit zu einer Minderheit können zudem Zielkonflikte für ein Kind mit sich bringen – nämlich dann, wenn das eigene Fortkommen eine zunehmende Trennung von der Familie bedeutet. Auch das Geschlecht stellt nach wie vor einen kritischen Faktor dar. Jungen sind gegenüber Mädchen in Hochbegabtenfördermaßnahmen überrepräsentiert, obwohl es gleich viele hochbegabte Mädchen wie Jungen gibt. Lehrkräfte und Eltern vermuten eine hohe Begabung fälschlicherweise eher bei Jungen als bei Mädchen (siehe «Selbst- und Fremdeinschätzungen»), und selbst wenn Eltern von der hohen Begabung ihrer Tochter wissen, scheuen sie sich eher als bei einem Sohn davor, sie einem stark fordernden und möglicherweise wettbewerbsorientierten Umfeld wie einer Hochbegabtenklasse auszusetzen.

Im Folgenden werden wir zwei besondere Herausforderungen für das Erkennen einer Hochbegabung ausführlicher darstellen: hochbegabte «Underachiever» und Hochbegabte mit einer weiteren «Besonderheit» wie einer Teilleistungsschwäche.

«Underachievement»: Wenn hochbegabte Kinder unter ihren Möglichkeiten bleiben

Ob Potenziale sich auch in Leistungen zeigen, hängt von vielen Faktoren ab; das gilt für alle Fähigkeitsniveaus. Entsprechend finden sich auch unter Hochbegabten Personen, deren Leistungen aus unterschiedlichen Gründen hinter dem zurück bleiben, was in Anbetracht ihrer Fähigkeiten möglich wäre. Können dafür keine situativen Ursachen gefunden werden (z. B. Fehlen von

Förderung, Trennung der Eltern), so wird diese relativ zur Begabung und zur Situation *erwartungswidrige* Minderleistung als «Underachievement» bezeichnet. Generell bezeichnet Underachievement eine längerfristige (zum Beispiel mindestens seit einem halben Jahr andauernde) Diskrepanz zwischen Fähigkeiten und Leistungen. Es geht also nicht um kurzfristige Leistungsschwankungen oder -einbrüche. Darüber, wie groß diese Diskrepanz sein soll und wie lange sie vorliegen muss, um als Underachievement zu gelten, gibt es allerdings eher grobe Richtwerte als allgemein verbindliche Kriterien. Underachievement kann bereits im Grundschulalter auftauchen und entweder alle Fächer betreffen (allgemeines Underachievement) oder auch nur einzelne Fachbereiche (bereichsspezifisches Underachievement).

Ist Underachievement ein Problem? Kaum jemand schöpft doch sein volles Potenzial aus; und die Frage, ob hohe Begabung zu besonderer Leistung verpflichtet, kann durchaus kontrovers diskutiert werden (Süddeutsche Zeitung Magazin, 2009; wir kommen auf diesen Punkt am Ende dieses Buches zurück). Die Forschung zu hochbegabten Underachievern im Schulkontext zeigt allerdings, dass es diesen Schülerinnen und Schülern nicht gut geht. Sie leiden offensichtlich, weisen ein hohes Risiko für gravierende emotionale und soziale Probleme auf, und im pädagogisch-psychologischen Kontext besteht Konsens darüber, dass hochbegabte Underachiever besonderer Hilfe bedürfen (Reis & McCoach, 2000). Zum Teil erwecken mediale Berichte den Eindruck, dass Underachievement ein spezifisches Problem von Hochbegabten sei. Teilweise wird auch in der Forschung vermutet, dass etwa die Hälfte von ihnen betroffen sei. Andere Studien hingegen kommen zu durchaus konservativeren Schätzungen von zum Beispiel knapp zwölf Prozent Underachievern unter den Hochbegabten (Hanses & Rost, 1998). Eine Zusammenschau vorhandener Befunde gibt eher Letzteren recht: Underachievement scheint kein typisches Phänomen bei Hochbegabten zu sein, sondern eher eine kleinere Gruppe zu betreffen (vgl. hierzu auch Kapitel 3). Hochbegabte Jungen zeigen etwa doppelt so häufig erwartungswidrige Minderleistungen wie hochbegabte Mädchen.

Wie erkennt man nun hochbegabte Underachiever? Lehrkräfte verbinden hohe Begabung zumeist mit hoher Leistung; hochbegabte Kinder, die diese Annahme nicht bestätigen, werden von ihnen daher in der Regel nicht erkannt (Hanses & Rost, 1998). Hochbegabte Underachiever zeichnen sich auch nicht in jedem Fall durch extrem schlechte Schulleistungen oder sogar Schulversagen aus. Ihre Noten können durchaus im Durchschnittsbereich liegen; *relativ* zu ihren hohen Fähigkeiten entsprechen die Leistungen aber keineswegs den Erwartungen, und dass diese «unauffälligen» hochbegabten Underachiever erkannt werden, ist ohne Begabungsdiagnostik mittels Intelligenztests wenig wahrscheinlich. Aktuellem Underachievement geht eine jahrelange Entwicklung voraus, in deren Verlauf ein hochbegabter Schüler oder eine hochbegabte Schülerin gewissermaßen «gelernt» hat, unter den eigenen Möglichkeiten zu bleiben. Diese Entwicklung wird oft erstmals am Ende der Grundschulzeit oder zu Beginn der weiterführenden Schule von anderen festgestellt (McCall, Evahn & Kratzer, 1992). Die steigenden Leistungsanforderungen fordern auch von Hochbegabten, sich bestimmte Inhalte zu erarbeiten; dazu fehlen ihnen aber die Vorkenntnisse und Strategien. Neben unterdurchschnittlichen oder auch zeitlich oder über verschiedene Fächer stark schwankenden Leistungen zeigen Underachiever zumeist auch eine sehr negative Haltung gegenüber Schule und Lernen sowie großen Widerstand gegen die Erwartungen, die an sie gestellt werden. Sie trauen sich häufig nicht zu, mit den eigenen Möglichkeiten in der Schule etwas zu erreichen, und schaffen es nicht, sich bei schweren oder langweiligen Aufgaben selbst zu motivieren oder verbindliche Vorsätze und Ziele zu fassen («nicht wollen können»; Baumann, Gebker & Kuhl, 2010). Alle diese Beobachtungen können Underachievement nahelegen. Diese Vermutung kann und sollte dann mittels psychologischer Testverfahren überprüft werden, die auf der einen Seite das schulische Leistungsniveau abklären (standardisierte Schulleistungstests) und auf der anderen Seite die intellektuellen Fähigkeiten objektiv erfassen (Intelligenztests).

«Doppelte Ausnahmen»: Hochbegabte Kinder mit einer weiteren «Besonderheit»

Hochbegabung zu erkennen, ist an sich schon nicht einfach; noch schwieriger wird es, wenn weitere Diagnosen dazukommen. Zwar sind Störungsbilder (etwa solche, die das Lern- und Leistungsverhalten beeinträchtigen) unter Hochbegabten nicht weiter verbreitet als unter durchschnittlich Begabten – aber eben auch nicht weniger weit. Solche Doppeldiagnosen (im Englischen als *twice exceptional*, «doppelte Ausnahmen», bezeichnet) stellen insofern eine Herausforderung dar, als sich die beiden Besonderheiten gegenseitig überlagern können, sodass unter Umständen keine von beiden entdeckt wird (Lovecky, 2004). Ein hochbegabtes Kind, das etwa unter einer Lese-Rechtschreib-Schwäche leidet, kann möglicherweise zu Anfang noch vieles durch seine hohe Begabung und sein gutes Gedächtnis kompensieren – aber eben nur so lange, bis die Anforderungen zu hoch werden. Hohe Begabung wird zudem oft nicht wahrgenommen, wenn der pädagogische Fokus einseitig auf der Störung und ihrer Behandlung statt in gleichem Maße auf den Stärken des Kindes liegt.

Merkmale «doppelter Ausnahmen»

Die Identifikation der hohen Begabung ist nicht zuletzt deshalb so schwierig, weil die «doppelten Ausnahmen» vor allem eines gemeinsam haben: die Einzigartigkeit ihrer Lernerprofile, bei denen sich Stärken und Schwächen gegenseitig verdecken können. In ihnen mischen sich «Eigenschaften Hochbegabter, die das Potenzial zu herausragenden Leistungen haben, mit den Eigenschaften von Schülerinnen und Schülern mit Behinderungen, die mit vielen Aspekten des Lernens zu kämpfen haben» (Brody & Mills, 1997, S. 282; Übersetzung durch die Autorinnen). Dieser Gegensatz birgt Konfliktpotenzial. Mit steigenden Anforderungen wird es immer schwerer, die Probleme mit Hilfe der hohen Begabung zu kompensieren und ein adäquates Leistungsniveau aufrechtzuerhalten. Bis die Schwierigkeiten aber tatsächlich augenfällig werden, verstreicht oft viel Zeit, die man für gezielte Förderung hätte nutzen können – und müssen. Entsprechend sollten Lehrkräfte und Eltern bereits hellhörig werden, sobald sie erste Ungleichmäßigkeiten in der Entwicklung verschiedener Fähigkeitsbereiche *(Asynchronien)* wahrnehmen. Die Diskrepanz zwischen «Wollen» (im Sinne des gefühlten Potenzials) und «Können» (im Sinne der faktischen Leistung) führt oft zu Frustration – sowohl bei den Kindern und Jugendlichen selbst als auch bei ihren Lehrkräften und Eltern. Und die Chancen auf Begabtenförderung sind für jemanden, der keine guten Noten erbringt oder ernsthafte Schwierigkeiten in der Schule hat, verschwindend gering.

Differentialdiagnostik: AD(H)S, Asperger – oder doch Hochbegabung?

Neben der Schwierigkeit, Doppeldiagnosen korrekt zu stellen, ist die Differentialdiagnostik – das Finden der richtigen aus einer Reihe möglicher Diagnosen – ein weiterer wichtiger Bereich der Hochbegabtenidentifikation. Die Verhaltensweisen mancher Hochbegabter sehen bestimmten Störungssymptomen auf den ersten Blick zum Verwechseln ähnlich. Das kann dazu führen, dass statt einer «ganz normalen» Hochbegabung eine Störung diagnostiziert wird – und umgekehrt. Im Folgenden werden wir auf zwei ausgewählte Bereiche eingehen: Aufmerksamkeitsstörungen und das Asperger-Syndrom.

AD(H)S, eine Aufmerksamkeitsstörung mit (ADHS) oder ohne Hyperaktivität (ADS), ist inzwischen das am häufigsten (wenngleich nicht immer korrekt) diagnostizierte Störungsbild im Kindesalter; eine Längsschnittstudie von Mandell und Kollegen zeigte zwischen 1989 und 2000 einen Anstieg der ADHS-Diagnosen um 381 Prozent! Insofern ist es nicht verwunderlich, wenn Lehrkräfte und Eltern zunächst eher ein Aufmerksamkeitsdefizit als eine Hochbegabung vermuten. Die Diagnostik von Aufmerksamkeitsstörungen umfasst zwei Teilbereiche: (1) Unaufmerksamkeit und (2) Impulsivität und Hyperaktivität. In Abhängigkeit von der Art und Ausprägung der Symptome wird dann eine genaue Klassifikation vorgenommen.

In der Tat können Hochbegabte und Kinder mit Aufmerksamkeitsstörungen auf den ersten Blick einiges gemeinsam haben: Unaufmerksamkeit, Ruhelosigkeit, Impulsivität, Ungehorsam, in der Folge möglicherweise schlechte Schulleistungen oder soziale Schwierigkeiten (Webb et al., 2005). Während Kinder mit AD(H)S die entsprechenden Verhaltensweisen jedoch situationsübergreifend zeigen, können diese bei Hochbegabten Folge intellektueller Unterforderung sein. Dem trägt auch das DSM-5 (ein gängiges Handbuch zur Diagnostik und Klassifikation psychischer Störungen) Rechnung, indem es einen Mangel an Stimulation bei hoher Intelligenz als mögliche Ursache von Unaufmerksamkeit mit einbezieht. Hochbegabte «können» durchaus auch anders – allerdings muss das Umfeld stimmen. Die Gründe für scheinbar identische Verhaltensweisen sind also anders gelagert. Zum Beispiel befolgen Kinder mit Aufmerksamkeitsstörungen Regeln möglicherweise deshalb nicht, weil sie sie in einer konkreten Situation nicht präsent haben, während Hochbegabte diese Regeln nach kritischem Hinterfragen als sinnlos abtun – und sich deshalb nicht daran halten.

Das wichtigste Unterscheidungskriterium ist folglich die *Situationsspezifität* des Verhaltens: Wenn die Symptome verschwinden, sobald das hochbegabte Kind intellektuell gefordert ist, spricht einiges gegen die Diagnose AD(H)S (wobei das Vorhandensein einer Doppeldiagnose – oder auch eines ganz anderen Problems – jedoch stets kritisch geprüft werden muss). Auch sollte eine Hochbegabung keinesfalls herangezogen werden, um unangemessenes Verhalten zu entschuldigen; damit tut man dem Kind langfristig keinen Gefallen.

Asperger-Syndrom: Das Asperger-Syndrom gilt gemäß dem von der Weltgesundheitsorganisation herausgegebenen Diagnose- und Klassifikationshandbuch ICD-10 als tiefgreifende Entwicklungsstörung. Es ist eine Störung aus dem sogenannten *Autismus-Spektrum*. Das oben erwähnte DSM-5 postuliert zwei Hauptcharakteristika für die Diagnose des Asperger-Syndroms: (1) Beeinträchtigungen der sozialen Interaktion und Kommunikation und (2) stereotype, repetitive (sich wiederholende) Verhaltens-, Interessen- und Aktivitätsmuster sowie Empfindlichkeit gegenüber Veränderungen. Das Resultat sind Beeinträchtigungen in sozialen Situationen. Die Diagnosezahlen für Autismus insgesamt sind ähnlich extrem angestiegen wie für die Aufmerksamkeitsstörungen: Mandell und Kollegen berichten hier einen Zuwachs von 358 Prozent innerhalb von elf Jahren.

Wie kommt es dazu, dass dieses klinische Störungsbild mit Hochbegabung verwechselt werden kann? Folgende Merkmale können bei beiden auftreten: ein ausgezeichnetes Gedächtnis für Ereignisse und Fakten; flüssige, «frühreife» Sprache; ununterbrochenes Reden oder Fragenstellen; Reizüberempfindlichkeit; Beschäftigung mit Fragen zu Gerechtigkeit (wobei Personen mit dem Asperger-Syndrom sich dem eher rational als emotional annähern); ungleichmäßige (asynchrone) Entwicklung; teilweise sehr spezielle Interessen, in denen sie richtiggehend «versinken» können (Webb et al., 2005).[2] Unterscheiden lassen sich auch diese beiden Phänomene wieder durch ihre Situationsspezifität: Während Kinder mit Asperger-Syndrom im Umgang mit anderen generell eher unbeholfen sind, kann sich das bei Hochbegabten von einem Moment zum anderen ändern, wenn sie mit Personen zusammentreffen, die ihre Leidenschaften teilen. Soziale Kompetenz ist ein Potenzial, das bei hochbegabten Kindern durchaus vorhanden ist. Es erfordert aber ein Umfeld, in dem sie diese Kompetenz in Performanz umsetzen können (Baudson, 2010b) – und wenn es ein solches Umfeld gibt, ist eine Verwechslung mit dem Asperger-Syndrom eher unwahrscheinlich, denn bei diesem treten soziale Schwierigkeiten situationsübergreifend auf. Ein weiteres Differenzierungskriterium ist die Fähigkeit zur Perspektivenübernahme: Während jemand mit Asperger-Syndrom kaum in der Lage ist, sich selbst «von außen» zu betrachten, verstehen Hochbegabte, wie soziale Situationen funktionieren, und können nachvollziehen, wie andere über sie denken. Wenn sie über ihre Interessen sprechen, sind Hochbegabte in der Lage, ihre Begeisterung (zumindest einer interessierten «Subkultur», die ihre Passion teilt) zu vermitteln, während Personen mit Asperger-Syndrom sich schwer damit tun, ihre Faszination (die sich teilweise auf ungewöhnliche Gegenstände wie Fritteusen oder Waschmaschinen erstreckt) zu transportieren.

Schwierigkeiten der Differentialdiagnostik sind nicht auf diese beiden Störungsbilder beschränkt. Auch Verhaltensauffälligkeiten (z. B. die Störung mit oppositionellem Trotzverhalten), affektive Störungen (z. B. uni- und bipolare Depressionen), Zwangsstörungen oder Ähnliches können Ähnlichkeiten mit dem Verhalten Hochbegabter aufweisen. Ein zentrales Unterscheidungskriterium soll abschließend noch einmal herausgestrichen werden: Während Störungsbilder wie AD(H)S, Asperger oder Lernschwierigkeiten zunächst einmal Problembereiche und somit Hindernisse auf dem Weg zur Potenzialentfaltung darstellen, ist Hochbegabung eine nicht zu unterschätzende Ressource. Gerade im Fall der Doppeldiagnosen ist es daher wichtig, diese Ressource zu aktivieren, um die aus der Störung resultierenden Probleme so weit wie möglich kompensieren (oder gar produktiv nutzen) zu können.

2.3 Einmal hochbegabt – immer hochbegabt?

Wie bereits dargestellt, verschiebt sich unter einer Entwicklungsperspektive die Sicht auf Hochbegabung mit dem Alter: Zum einen verändert sie sich von einer Begabungs- hin zu einer Leistungsperspektive, zum anderen verschiebt sich der Fokus weg von einer breiten Potenzialeinschätzung hin zu bereichsspezifischer Begabung oder auch Expertise. Vor diesem Hintergrund stellt sich die Frage, ob in verschiedenen Lebensabschnitten jeweils dieselben Personen als hochbegabt identifiziert werden oder ob mit sich veränderndem Alter auch andere Personengruppen «gefunden» werden. Die Antwort: sowohl als auch. Das Konstrukt «Hochbegabung» wurde, wie oben beschrieben, ursprünglich erfunden, um außergewöhnliche Leistung zu erklären; entsprechend wird es als extrem hohes Leistungspotenzial definiert. Was genau dieses Potenzial ausmacht, hängt auch von den jeweiligen Lebensumständen ab, insbesondere davon, wie viel Zeit und Ressourcen eine Person in die Entwicklung ihrer Fähigkeiten investieren kann. Hat sie viel davon zur Verfügung und sind die Bedingungen für die Entfaltung der eigenen Möglichkeiten generell gegeben, so kann auch bei Erwachsenen noch eine Begabungsdefinition von Hochbegabung (z. B. als hohe allgemeine Intelligenz) angemessen sein. Viele Leistungsbereiche erfordern jedoch eine jahrelange Auseinandersetzung mit ihren Inhalten und Anforderungen. Hat sich eine Person nie damit beschäftigt, so fehlt ihr dieses Vorwissen; und mit steigendem Alter sinken die Chancen, dieses noch erwerben zu können. Für jüngere Personen ist der Besuch von Bildungseinrichtungen verpflichtend. Erwachsene müssen dagegen mehr Eigenaktivität aufbringen; zudem haben sie meist viele andere Verpflichtungen, die mit der Entwicklung der eigenen Fähigkeiten um Ressourcen konkurrieren.

Da hohe Intelligenz den kleinsten gemeinsamen Nenner der meisten Hochbegabungsdefinitionen ausmacht, möchten wir nun die obige Antwort des «sowohl als auch» auch noch einmal vor diesem Hintergrund beleuchten. Intelligenz hat eine erstaunlich hohe *Positionsstabilität:* Die Position, die jemand in der Intelligenzverteilung relativ zu einer für ihn repräsentativen Vergleichsgruppe einnimmt, ist ab dem Jugendalter bis ins höhere Erwachsenenalter hinein recht stabil. Wird etwa ein Jugendlicher nach einer IQ-Definition als hochbegabt identifiziert (z. B. IQ > 130), so ist die Wahrscheinlichkeit hoch, dass er auch noch als Erwachsener einer der Intelligentesten seiner Altersgruppe sein wird. Neben dieser Positionsstabilität ist auch die sogenannte *Niveaustabilität* zu beachten. Anders als die Positionsstabilität bezieht diese sich nicht auf Gruppendaten (bzw. die Stabilität der Position in einer Gruppe), sondern betrachtet den Einzelfall daraufhin, wie stabil ein Intelligenztestergebnis bei ein und derselben Person über die Zeit ist. Hier kann sich die Intelligenz noch deutlich verändern; und dies gilt umso mehr, je jünger jemand ist. Intelligenztestergebnisse sind deshalb auch erst ab einem Alter von etwa fünf Jahren ausreichend zuverlässig und somit aussagekräftig. Selbst bei älteren Kindern kann sich noch vieles verändern – insbesondere durch den Einfluss von Bildung, denn Intelligenz ist in gewissem Maß auch bildungsabhängig. Lerngelegenheiten und Lernfähigkeiten interagieren miteinander; dies lässt ein starres Verständnis von Hochbegabung – auch bei einer Intelligenzdefinition – als wenig angemessen erscheinen. Solange sich eine Person im formalen Bildungssystem einer Gesellschaft (Schule, Berufsschule, Hochschule) befindet, kann nicht von einer ausreichenden Stabilität der Intelligenzhöhe (Niveaustabilität) ausgegangen werden, um eine dauerhafte «Diagnose Hochbegabung» zu vergeben (Rost, 2010). Für konkrete Entscheidungen, in denen Intelligenztestwerte benötigt werden, sollten daher stets aktuelle Testergebnisse eingeholt werden. Es ist entsprechend wenig sinnvoll, aufgrund eines Testergebnisses aus dem Vorschulalter ein Kind während seiner gesamten Schullaufbahn als hochbegabt zu bezeichnen. Einmal hochbegabt ist nicht unbedingt immer hochbegabt! Im Umgang mit einem Kind ist vor diesem Hintergrund auch zu empfehlen, nicht von «hochbegabt oder nicht hochbegabt» zu sprechen, sondern den Begriff inhaltlich zu füllen, indem man konkret vorhandene Bedürfnisse und Fähigkeiten benennt.

3. Wie sind Hochbegabte? Fiktion und Fakten

3.1 Laientheorien und Vorurteile

Wenn man Menschen auf der Straße fragen würde, was sie unter Hochbegabung verstehen, bekäme man viele Antworten. Die meisten scheinen mit dem Begriff etwas anfangen zu können, wie ja auch Sternbergs Ergebnisse zu den verschiedenen Kriterien für Hochbegabung zeigen (vgl. Kapitel 1.2). Nicht unbedingt stimmen diese Laientheorien aber mit Forschungsergebnissen überein: Oft sind «naive» Ansichten geprägt durch Klischees, wie etwa die Medien sie vermitteln. Dass Hochbegabte im Fernsehen oder in Filmen als ganz unauffällige Menschen präsentiert werden, ist immer noch die Ausnahme. Beliebter sind dagegen Geschichten von Wunderkindern und Schulversagern, von Hochbegabten, die zwar sehr intelligent, aber in sozialer Hinsicht eher unangepasst sind, oder von verrückten Genies – Filme wie «A Beautiful Mind» oder «Good Will Hunting» werden einigen Leserinnen und Lesern vermutlich bekannt sein. Solche Darstellungen können das Bild von Hochbegabten insgesamt prägen – nicht zuletzt deshalb, weil vor allem die ungewöhnlichen Fälle im Gedächtnis bleiben. Gerade die sind aber nicht unbedingt repräsentativ für Hochbegabte!

Implizite Theorien

An einen Begriff wie Hochbegabung knüpfen sich also viele Assoziationen an. Nicht immer sind diese auch bewusst; und in der Regel sind sie sehr individuell. Solche assoziativen gedanklichen Netzwerke nennt man «implizite Theorien». Ihnen steht das auf theoretischen Überlegungen und empirischen Fakten basierende Expertenwissen entgegen. Aber wenn dem so ist, so werfen Sternberg und Zhang (1995) provokativ in den Raum, warum sollte man sich dann überhaupt mit etwas so wenig Fundiertem wie Laientheorien auseinandersetzen? Die Antwort liegt auf der

Hand: weil Hochbegabte im Alltag hauptsächlich auf Laien und somit deren potenzielle Vorurteile treffen. Studien konnten zeigen, dass implizite Theorien das Denken und Handeln sehr stark beeinflussen. Das ist vor allem dann relevant, wenn die Entscheidungen der betreffenden Personen Einfluss auf den Werdegang eines hochbegabten Menschen nehmen.

Wie kann man implizite Theorien erfassen?

Oft ist einem gar nicht klar, wie vorurteilsbehaftet die eigene Sichtweise ist; selbst Wissenschaftlerinnen und Wissenschaftler sind vor solchen Stereotypen nicht gefeit. Wie kommt man also an diese individuellen Assoziationen heran? Eine Möglichkeit bieten sogenannte *Vignetten* – kurze Beschreibungen von fiktiven Personen, in denen Merkmale, die für die Fragestellung relevant sind, systematisch variiert werden (etwa, ob jemand hochbegabt ist oder nicht). Das Verfahren hat mehrere Vorteile. Wenn reale Personen eingeschätzt werden, kann es sein, dass deren individuelle Eigenschaften das Gesamturteil verfälschen. Kennt man beispielsweise eine Hochbegabte, die sehr sportlich ist, könnte das dazu führen, dass man die Sportlichkeit der Hochbegabten insgesamt überschätzt. Bei Vignetten ist dagegen sichergestellt, dass alle Befragten die gleichen Informationen erhalten. Ein weiterer Vorteil besteht darin, dass Merkmale der Person systematisch variiert werden können. Man kann also alle Kombinationsmöglichkeiten «durchspielen» – und so auch Wechselwirkungen zwischen Merkmalen herausfinden. Die in der Vignette beschriebene Person kann man dann hinsichtlich ausgewählter Merkmale einschätzen lassen.

Wie denken Lehrkräfte über Hochbegabte?

In einer Vignettenstudie, in der wir implizite Persönlichkeitstheorien von Lehrkräften über Hochbegabte untersucht haben, wurden drei Merkmale des beschriebenen Kindes systematisch variiert: das Fähigkeitsniveau (hochbegabt/durchschnittlich begabt), das Geschlecht (Mädchen/Junge) und das Alter (8/15 Jahre; vgl. Baudson & Preckel, 2012b). Das Kind wurde in einer typischen Schulsituation beschrieben; anschließend sollten die

Lehrkräfte das Kind einschätzen. Jeder Lehrkraft wurde eine der insgesamt acht möglichen Vignetten (Fähigkeitsniveau x Geschlecht x Alter) zufällig zugewiesen. Im Folgenden ein Beispiel:

Beispielvignette «hochbegabtes achtjähriges Mädchen»

Stephanie besucht an Ihrer Grundschule eine Klasse, in der Sie bereits seit einem Jahr unterrichten.
Stephanie ist acht Jahre alt und eine hochbegabte Schülerin.
Heute ist die Lehrkraft, welche die Klasse in der letzten Stunde unterrichtet, erkrankt.
Sie übernehmen die letzte Stunde und erlauben den Schülerinnen und Schülern der Klasse, sich selbstständig zu beschäftigen oder Hausaufgaben zu machen.

Zur Einschätzung des Kindes gaben wir den Lehrkräften einen standardisierten Fragebogen zur Persönlichkeit vor. Die Persönlichkeit eines Menschen lässt sich anhand der folgenden fünf Dimensionen gut beschreiben: *Neurotizismus* (mit dem Gegenpol *emotionale Stabilität*), *Extraversion* (mit dem Gegenpol *Introversion*), *Offenheit für neue Erfahrungen*, *soziale Verträglichkeit* und *Gewissenhaftigkeit*. Am stärksten hängt Intelligenz als zentrales Merkmal der Hochbegabung mit Offenheit für neue Erfahrungen zusammen, während die Zusammenhänge mit den anderen Persönlichkeitsfaktoren deutlich geringer oder gar nicht vorhanden sind. Als wir uns anschauten, wie die Lehrkräfte die fiktiven Schülerinnen und Schüler eingeschätzt hatten, zeigte sich ein überraschendes Bild: Zwar wurden Kinder, die als hochbegabt beschrieben worden waren, als deutlich offener für neue Erfahrungen eingeschätzt als durchschnittlich Begabte; gleichzeitig schrieben die Lehrkräfte den Hochbegabten jedoch geringere emotionale Stabilität, höhere Introversion und geringere soziale Verträglichkeit zu. Aus Sicht dieser insgesamt 321 Lehrkräfte gelten Hochbegabte somit als aufgeschlossen und klug, zugleich aber auch als sozial und emotional nicht besonders kompetent. Geschlecht oder Alter des beschriebenen Kindes hatten keine vergleichbaren Auswirkungen.

Harmonie- und Disharmoniehypothese

Die Sichtweise, dass Hochbegabte zwar sehr intelligent (und oft auch sehr leistungsstark) sind, dies aber zu Lasten ihrer sozialen und emotionalen Fähigkeiten geht, ist in der Forschung als *Disharmoniehypothese* bekannt. Ihre Wurzeln lassen sich bis zur Antike zurückverfolgen. Die Idee wurde dann in der Renaissance, ganz besonders aber im 19. Jahrhundert wieder aufgegriffen: Der italienische Psychiater Cesare Lombroso beispielsweise, sicherlich einer der besonders extremen Vertreter der Disharmoniehypothese, rückte in seinem Werk *Genio e follia* das Genie sogar in die Nähe zu seiner Ansicht nach «degenerierten» Individuen wie Verbrechern oder Geistesgestörten. Lewis M. Terman, von dem in Kapitel 5 noch die Rede sein wird, vertrat eine klare Gegenposition. Die *Harmoniehypothese* besagt, dass Hochbegabte gleichsam in jeder Hinsicht überlegen sind; und in der Tat schienen Termans Forschungsergebnisse dies auch zu belegen.

In Deutschland, wo die Hochbegabtenforschung nach dem Zweiten Weltkrieg und der Achtundsechziger-Bewegung zu Anfang der 1980er Jahre wieder auflebte, schien es überraschenderweise zunächst so, als hätten die Vertreter der Disharmoniehypothese doch recht gehabt: Viele Ergebnisse wiesen auf gehäufte soziale und emotionale Schwierigkeiten Hochbegabter hin. Die zahlreichen Probleme, die vorschnell als «typisch hochbegabt» gedeutet wurden, hatten jedoch eine ganz banale Ursache: Die untersuchten Personen waren nicht repräsentativ für die Gesamtgruppe der Hochbegabten – eine von vielen methodischen Herausforderungen der Hochbegabtenforschung, auf die wir weiter unten noch eingehen werden.

3.2 Wie sind Hochbegabte tatsächlich?

Wenngleich wir oben dargelegt haben, dass der Hochbegabungsbegriff nicht ausschließlich an der Person selbst festzumachen ist, ist die personenbezogene Perspektive dennoch ein Kernaspekt der psychologischen Forschung. Auf diesen Aspekt wollen wir in diesem Teil näher eingehen; denn auch, wenn zum Gesamtverständnis einer hochbegabten Person auch immer ihre aktuelle und vergangene Lebenssituation berücksichtigt werden muss, sind empirische Befunde zur Persönlichkeit wichtig, um beispielsweise Vorurteile wie die oben genannten entkräften und begabungsstützende Personeneigenschaften sinnvoll fördern zu können.

Methodische Herausforderungen

Um Interpretationsprobleme wie die oben skizzierten zu vermeiden und herausfinden zu können, wie Hochbegabte wirklich sind, benötigt man eine repräsentative Stichprobe. Untersucht man nämlich nur Hochbegabte, die Beratungsstellen aufsuchen oder in Vereinen organisiert sind, erhält man ein verzerrtes Bild: Das ist ungefähr so, als wolle man Aussagen über die allgemeine Struktur und Dynamik von Partnerschaften anhand von Personen treffen, die eine Eheberatung aufsuchen. Es ist anzunehmen, dass solche Teilstichproben systematische Besonderheiten aufweisen, die Befunde also nicht unbedingt für alle Hochbegabten gelten. Repräsentativität ist aber aufgrund der Seltenheit des Phänomens nicht ganz einfach zu erreichen: Wenn Hochbegabte gemäß IQ-Kriterium nur etwa zwei bis drei Prozent der Gesamtbevölkerung ausmachen, kommt man bei einer Gesamtstichprobe von 1000 Personen rein rechnerisch auf maximal 30 Personen, deren IQ bei 130 und darüber liegt! Tatsächlich repräsentative Studien sind zeit- und kostenintensiv; und auch, wenn es bequem erscheint, Hochbegabte dort zu befragen, wo man sie gehäuft antrifft, ist eine unverfälschte Stichprobenauswahl wichtig, wenn man belastbare Aussagen treffen will. Weitere methodische Herausforderungen und Entscheidungen umfassen beispielsweise:

- ***Wissen um die eigene Begabung:*** Das Etikett «hochbegabt» an sich kann die Ergebnisse beeinflussen, beispielsweise dadurch, dass das Umfeld Hochbegabten bestimmte Eigenschaften zuschreibt (s. o.) oder dass die Hochbegabten selbst sich mit bestimmten Stereotypen identifizieren und entsprechend handeln (oder auch gerade nicht).

- ***Objektive/nachvollziehbare Definition von Hochbegabung:*** Die Definition «hochbegabt» sollte sich auf nachvollziehbare Kriterien stützen. Das schließt IQ-Test-Ergebnisse ein, muss aber nicht darauf beschränkt sein.
- ***Längsschnittlicher Ansatz:*** Studienteilnehmende mehrmals zu untersuchen, hat den Vorteil, dass Entwicklungen über die Zeit (unter anderem, ob Hochbegabung stabil bleibt) nachvollzogen werden können. Bei querschnittlichen Untersuchungen mit einmaliger Datenerhebung lassen sich dagegen lediglich Aussagen darüber treffen, welche Phänomene zusammen auftreten. Aussagen über gemeinsame Ursachen oder eine gegenseitige Beeinflussung über die Zeit (zum Beispiel, ob Intelligenz Vorhersagen über die Leistungsentwicklung machen kann) sind nicht möglich.
- ***Beobachtung oder Intervention:*** Interventionen beeinflussen die Entwicklung; «natürliches Wachstum» der Begabung lässt sich unter diesen Umständen nicht beobachten. Was untersucht wird, hängt immer von den konkreten Fragestellungen und Zielsetzungen der Studie ab.
- ***Einbeziehung verschiedener Informationsquellen:*** Je nachdem, wen man befragt, erhält man ein etwas anderes Bild. Insofern kann es sinnvoll sein, weitere Informationsquellen heranzuziehen (neben Kindern z. B. auch Eltern und Lehrkräfte), um einen möglichst vollständigen Eindruck zu bekommen.
- ***Adäquate Kontrollgruppe:*** Vor allem, wenn man Vergleiche zwischen Hochbegabten und durchschnittlich Begabten anstellt, müssen sich die beiden Gruppen in relevanten anderen Merkmalen möglichst ähnlich sein. Wenn sich beispielsweise der sozioökonomische Status der Gruppen unterscheidet, könnte auch das (und nicht die Hochbegabung selbst) die Ursache für gefundene Unterschiede sein.

Die Persönlichkeit Hochbegabter

Die Persönlichkeit eines Menschen setzt sich aus vielen interagierenden Eigenschaften zusammen. Meist werden kognitive (Intelligenz) und nichtkognitive Merkmale (Persönlichkeit im engeren Sinne) getrennt betrachtet – ein Ansatz, der auch hier sinnvoll ist: Ausgeprägte kognitive Fähigkeiten haben wir bereits als ein zentrales Merkmal Hochbegabter kennengelernt, sodass sich die interessante Frage anschließt, ob sich vergleichbare Unterschiede zwischen Hochbegabten und durchschnittlich Begabten auch bei nichtkognitiven Merkmalen zeigen. Diese sind auch deshalb bedeutsam, weil sie bei der Umsetzung von Potenzial in Leistung eine entscheidende Rolle spielen. Somit können Persönlichkeitsunterschiede *innerhalb* der Gruppe der Hochbegabten (zumindest teilweise) erklären, wie es dazu kommt, dass trotz ähnlicher Ausgangssituation nicht alle gleich «erfolgreich» sind (wie auch immer man Erfolg definiert).

Big Five

Wie Lehrkräfte Hochbegabte nach den «großen fünf» Persönlichkeitsdimensionen Neurotizismus/emotionale Stabilität, Extraversion/Introversion, Offenheit für neue Erfahrungen, soziale Verträglichkeit und Gewissenhaftigkeit einschätzen, haben wir bereits berichtet; hier soll es nun darum gehen, wie zutreffend diese Einschätzung ist. Aufgrund der Vielfalt an Hochbegabungsdefinitionen ist die Frage nicht ganz einfach zu beantworten. Überraschenderweise gibt es nur wenige Untersuchungen zur Persönlichkeit Hochbegabter im Vergleich zu durchschnittlich Begabten. Gut untersucht ist jedoch der Zusammenhang zwischen Persönlichkeit und Intelligenz, die ja in vielen Hochbegabungsdefinitionen eine wichtige Rolle spielt. Im Folgenden sollen daher zu Beginn eines jeden Abschnitts zunächst Ergebnisse zu statistischen Zusammenhängen zwischen Intelligenz und den «Big Five» berichtet werden, die sich auf das gesamte Begabungsspektrum beziehen; im Anschluss werden wir dann jeweils die Bedeutung dieser Befunde für die Persönlichkeit Hochbegabter diskutieren.

- ***Offenheit für neue Erfahrungen:*** Die höhere Offenheit, die Lehrkräfte Hochbegabten zuschreiben, steht mit der empirischen Befundlage in Einklang. Der Psychologe Colin DeYoung (2011) berichtet zusammenfassend, dass der Zusammenhang zwischen Intelligenz und Offenheit insgesamt im mittleren Bereich liegt; er fällt etwas höher aus, wenn man sich auf die verbale Intelligenz konzentriert. Eine Facette dieser Persönlichkeitsdimension ist die «Offenheit für Ideen», welche stark mit der kognitiven Motivation zusammenhängt (also der Freude am Denken und dem Bedürfnis nach kognitiver Herausforderung). In Kapitel 2 hatten wir gezeigt, dass es noch wenig Befunde zu kognitiver Motivation und Hochbegabung gibt, ein Zusammenhang aber plausibel ist. Insgesamt ist bei Hochbegabten eine höhere Offenheit für neue Erfahrungen zu erwarten.

- ***Neurotizismus/emotionale Stabilität:*** Direkte Zusammenhänge zwischen Intelligenz und emotionaler Stabilität konnten bislang nicht nachgewiesen werden. Spezifische Untersuchungen Hochbegabter zeigten, dass sie entgegen der Einschätzung der von uns befragten Lehrkräfte emotional sogar eher stabiler waren. Was Anfälligkeit für psychische Störungen betrifft, unterscheiden sie sich nicht von durchschnittlich Begabten. Sie neigen etwas weniger zu allgemeiner Ängstlichkeit und deutlich weniger zu Prüfungsängstlichkeit als nicht Hochbegabte. Auch ihr Wohlbefinden oder ihr Stresserleben ist nicht systematisch anders als bei durchschnittlich Begabten (Zeidner & Shani-Zinovich, 2011).

  Wichtig ist dieses Persönlichkeitsmerkmal auch deshalb, weil es mit psychischer Gesundheit und Stressbewältigung zusammenhängt, was wiederum die Umsetzung von Begabung in Leistung beeinflussen kann. Eine Studie mit finnischen Rekruten quer durch das Begabungsspektrum liefert erste Hinweise, dass hohe Intelligenz die negativen Effekte von Neurotizismus möglicherweise abfängt und somit eine Schutzfunktion einnimmt (Leikas, Mäkinen, Lönnqvist & Verkasalo, 2009); ob und inwiefern das spezifisch für Hochbegabte nachweisbar ist, ist eine noch offene (aber spannende) Frage.
- ***Soziale Verträglichkeit:*** Verträglichkeit und kognitive Fähigkeiten hängen nicht systematisch zusammen (DeYoung, 2011) – auch hier entspricht die Einschätzung der von uns befragten Lehrkräfte nicht den empirischen Befunden. Intelligenz spielt keine Rolle dafür, wie umgänglich, empathisch oder höflich

jemand ist. Sie hängt jedoch negativ mit Aggression zusammen, welche als Gegenpol der Verträglichkeit interpretiert werden kann. Möglicherweise haben (insbesondere verbal) begabte Menschen schlichtweg mehr Möglichkeiten, Konflikte durch gewaltfreie Kommunikation zu lösen.

Vergleicht man Hochbegabte und durchschnittlich Begabte direkt, sind die Ergebnisse uneinheitlich: Eine Studie mit israelischen Hochbegabten, die als entweder intellektuell hochbegabt oder hochleistend identifiziert worden waren und die an speziellen Begabtenprogrammen teilnahmen, kommt zu dem Schluss, dass die Hochbegabten in der Tat etwas weniger verträglich sind als die durchschnittlich Begabten (Zeidner & Shani-Zinovich, 2011). Wenngleich die Stichprobe gut gewählt war, sind womöglich die Befunde der Psychologin Susanne Schilling (2009) aus dem Marburger Hochbegabtenprojekt zu Peerbeziehungen (welche durch Verträglichkeit beeinflusst werden) etwas aussagekräftiger: Sie kommt zu dem Schluss, dass Hochbegabte insgesamt gut mit Gleichaltrigen zurechtkommen und sich von durchschnittlich Begabten allenfalls in Details unterscheiden.

- ***Gewissenhaftigkeit:*** Die von uns befragten Lehrkräfte sahen keinen Zusammenhang zwischen Begabungsniveau und Gewissenhaftigkeit und kommen damit der empirischen Befundlage recht nah (Ackerman & Heggestad, 1997). Beide Faktoren haben jedoch einen wesentlichen Anteil am Bildungserfolg – und hier finden sich Hochbegabte in einer besonderen Lage wieder: Solange die Anforderungen nicht allzu hoch sind, hat eine hochbegabte Person es möglicherweise aufgrund ihrer hohen Fähigkeiten schlichtweg nicht nötig, gewissenhaft, ordentlich und konzentriert zu arbeiten, während weniger intelligente Gleichaltrige durch Fleiß und Organisation vieles kompensieren können (Schütz, 2009). Die Schattenseite des Erfolgs ohne große Anstrengung kann jedoch sein, dass manche Hochbegabte in einem System, das ihnen kaum Herausforderungen bietet, niemals richtig «lernen zu lernen». Das zeigt sich spätestens dann, wenn die Anforderungen so hoch werden, dass hohe Begabung allein nicht mehr ausreicht, sondern durch Gewissenhaftigkeit unterstützt werden muss, um ein hohes Leistungsniveau aufrechtzuerhalten. Umgekehrt ist es aber auch so, dass intelligentere Menschen den Wert von Belohnungen, die weiter in der Zukunft liegen, weniger stark abwerten als weniger intelligente, was wiederum langfristige Erfolge, die mit längeren «Durststrecken» verbunden sind, begünstigt (DeYoung, 2011). Insgesamt ist die Befundlage, dass sich Hochbegabte von durchschnittlich Begabten in ihrer Gewissenhaftigkeit kaum unterscheiden, jedoch recht stabil.

- ***Extraversion/Introversion:*** Auch diese Persönlichkeitsdimension hängt den meisten Studien zufolge nicht systematisch oder allenfalls schwach mit kognitiven Fähigkeiten zusammen. Eine Untersuchung aus dem Marburger Hochbegabtenprojekt fand heraus, dass sich insbesondere die durchschnittlich Begabten als besonders wenig schüchtern beschreiben; die Werte der Hochbegabten, Hochleister und durchschnittlich Leistenden waren dagegen ähnlich, am ausgeprägtesten waren sie bei den Hochleistern. Kaum Unterschiede fanden sich für die Skala «aktiv und extravertiert» (Freund-Braier, 2009). Das Vorurteil, dass speziell Hoch*begabte* besonders introvertiert seien, stimmt also nur bedingt, denn für hoch und durchschnittlich *Leistende* gilt das auch.

Hochsensibilität und Overexcitability

Aus den obigen Befunden zu Intelligenz, Hochbegabung und Persönlichkeit können wir schließen, dass Hochbegabte offener und emotional eher stabiler sind. Im Gegensatz dazu berichten einschlägige Ratgeber häufig, dass Hochbegabte besonders empfindsam seien (was möglicherweise auch mit der Zielgruppe dieser Bücher zusammenhängt). Die amerikanische Psychologin Elaine Aron, die das Konstrukt der «hochsensiblen Person» messbar machte und zu anderen Eigenschaften in Bezug setzte (z. B. Aron & Aron, 1997), erklärt hohe Empfindsamkeit dadurch, dass das Nervensystem der betreffenden Personen besonders erregbar sei. Hohe Intelligenz wird den «Hochsensiblen» häufig unterstellt, sowohl von Aron selbst als auch von ihren

Rezipienten; systematische Untersuchungen fehlen bislang jedoch noch.

Ganz neu ist dieser Gedanke, dass hohe Begabung und hohe Sensibilität zusammenhängen könnten, indes nicht. In der Hochbegabtenforschung (und hier insbesondere im Bereich der Hochbegabtenberatung) hat vor allem die «Theorie der positiven Desintegration» des polnischen Psychologen Kazimierz Dąbrowski Anklang gefunden. Während Symptome wie Angst, Depression und Stress üblicherweise als negativ angesehen werden, begreift Dąbrowski (1964) sie als Anzeichen dafür, dass eine Person im Begriff ist, sich weiterzuentwickeln. Nach Dąbrowski zeichnen sich Personen mit einem besonders hohen Entwicklungspotenzial durch eine günstige Konstellation dreier Merkmale aus: (1) hohe Begabung (Intelligenz); (2) besondere Sensibilitäten («Overexcitabilities») und (3) der sogenannte dritte Faktor: das Streben nach Wachstum und Autonomie. Bei ausreichend hohem Entwicklungspotenzial ist Desintegration – die sich darin zeigt, dass die Person ihren bisherigen Ist-Status in Frage stellt und auf dessen «Auflösung» mit Angst und Stress reagiert – unvermeidbar. Bei erfolgreicher Bewältigung erreicht die Person jedoch eine Integration auf höherer Ebene und nähert sich dem Ziel des «Idealselbst» weiter an.

Die «Overexcitabilities» (OEs) sind in der Hochbegabtenforschung auf besonderes Interesse gestoßen. Dąbrowski selbst spricht von fünf Ausprägungen, die mit entsprechenden (hier exemplarisch angeführten) Erlebens- und Verhaltensmerkmalen einhergehen:

1. ***intellektuelle OE:*** hohes Bedürfnis nach intellektueller Stimulation, Freude an theoretischen Analysen, Streben nach Erkenntnis
2. ***emotionale OE:*** sehr intensives Erleben von Gefühlen
3. ***imaginationale OE:*** ausgeprägte Vorstellungskraft, Phantasie
4. ***psychomotorische OE:*** starker Bewegungsdrang, hohes Energieniveau
5. ***sensorische OE:*** intensive Wahrnehmung von Sinneseindrücken, «Überempfindlichkeit» (hier liegt wohl die stärkste Parallele zur oben diskutierten hochsensiblen Person)

Dąbrowski postuliert, dass Hochbegabte sich durch ausgeprägte OEs in allen fünf Bereichen auszeichnen. Die intellektuelle, die emotionale und die imaginationale OE sind die wichtigsten Bereiche; OE allein im psychomotorischen oder im sensorischen Bereich reicht für das persönliche Wachstum nicht aus. Die empirische Befundlage ist jedoch uneinheitlich. Zwar erreichen Hochbegabte in vergleichenden Studien meist höhere Werte als durchschnittlich Begabte, aber nicht immer auf denselben Dimensionen. Verschiedene Studien fanden sogar, dass psychomotorische OE am besten zwischen Hochbegabten und durchschnittlich Begabten differenziert (vgl. Mendaglio, 2010, für eine Übersicht bisheriger Befunde). Auch scheinen Hochbegabte und Hochleister einander stark zu ähneln (Wirthwein & Rost, 2011).

Insgesamt reichen OE-Maße also nicht aus, um Hochbegabte zu identifizieren. Fairerweise muss aber ergänzt werden, dass Dąbrowskis Konzeption nicht gleichzusetzen ist mit einer intelligenzbasierten Definition von Hochbegabung. Er sieht hohe Begabung als notwendige, aber keineswegs als hinreichende Bedingung dafür, dass eine Person sich ihrem Idealselbst annähern kann: Entwicklungspotenzial – und somit Hochbegabung im Dąbrowski'schen Sinne – umfasst also deutlich mehr als nur hohe Intelligenz (Mendaglio, 2010).

Selbstkonzept und Selbstwert

Das *Selbstkonzept* bezeichnet Vorstellungen über die eigene Person. Es bezieht sich auf die Selbstwahrnehmung einer Person, die durch Erfahrungen mit der Umwelt und durch die persönlichen Interpretationen dieser Erfahrungen gebildet wird. Vielfach wird in der Forschung davon ausgegangen, dass das Selbstkonzept hierarchisch organisiert ist. Es gibt also ein *allgemeines* Selbstkonzept – quasi ein Gesamtbild, wie man die eigene Person global bewertet (z. B. eine gute Meinung von sich haben, im Großen und Ganzen mit sich zufrieden sein). Diesem sind verschiedene Teilbereiche untergeordnet – etwa akademisches, körperliches oder soziales Selbstkonzept –, die sich ihrerseits in noch spezifischere Aspekte (beispielsweise Mathematik-

oder Deutsch-Selbstkonzepte als Teile des akademischen Selbstkonzepts) untergliedern.

Die Struktur dieses Modells ist über das gesamte Begabungsspektrum vergleichbar; was sich jedoch zum Teil unterscheidet, sind die Ausprägungen der verschiedenen Selbstkonzeptfacetten. Wie zu erwarten, ist das akademische Selbstkonzept Hochbegabter stärker ausgeprägt (ebenso erwartungsgemäß mit Ausnahme der Underachiever). Wenn sich positive Unterschiede im allgemeinen Selbstkonzept zeigen, so sind diese hauptsächlich auf das höhere akademische Selbstkonzept Hochbegabter zurückzuführen. Im körperlichen Selbstkonzept zeigen sich zum Teil kleinere negative Effekte zu Ungunsten der Hochbegabten. Im sozialen Selbstkonzept wiederum unterscheiden sich Hochbegabte nicht von durchschnittlich Begabten, was als weiterer Beleg gegen die Disharmoniehypothese gelten kann.

Auch Geschlechterunterschiede konnten nachgewiesen werden: Im Einklang mit den traditionellen Rollenbildern haben Jungen ein höheres mathematisches Selbstkonzept (bereits ab der ersten Grundschulklasse!) – und bei hochbegabten Jugendlichen scheinen diese Unterschiede sogar noch stärker ausgeprägt zu sein als bei durchschnittlich begabten (Preckel, Götz, Pekrun & Kleine, 2008).

Der *Selbstwert* bezieht sich darauf, wie man sich (generell oder in bestimmten Teilbereichen) bewertet – er ist also die emotionale Komponente des Selbst. Die theoretische Abgrenzung zwischen Selbstwert und Selbstkonzept ist nicht ganz einfach; manchmal werden beide auch gleichgesetzt. Insgesamt hängen Selbstwert und Selbstkonzept jedoch positiv miteinander zusammen. Hochbegabte Underachiever haben tendenziell einen geringeren Selbstwert als hochbegabte Achiever. Insgesamt zeigen vergleichende Untersuchungen zum Selbstwert Hochbegabter jedoch keine systematischen Unterschiede im allgemeinen Selbstkonzept oder Selbstwert im Vergleich zu durchschnittlich Begabten. Entgegen manchen Vorurteilen oder Befürchtungen halten sich Hochbegabte nicht für «bessere Menschen»; nur im Leistungsbereich ist ihr Selbstkonzept (in der Regel nicht ohne Grund!) höher.

Perfektionismus

Perfektionismus ist besser als sein Ruf. Das, was man alltagssprachlich unter dem Begriff versteht – zwanghaftes und verbissenes Verfolgen eines unerreichbaren Ziels –, ist nur eine Seite der Medaille. Diesem *maladaptiven* (neurotischen) steht der sogenannte *adaptive* (gesunde) Perfektionismus entgegen. In beiden Fällen sind die Ziele hoch gesetzt. Unterschiede werden dann deutlich, wenn man diese Ziele nicht erreicht: Während maladaptiver Perfektionismus keine Fehler duldet, nutzen adaptive Perfektionistinnen und Perfektionisten Misserfolge als Informationsquelle, um ihre Ziele flexibel anzupassen. Maladaptiver Perfektionismus geht mit stärkerem Stress einher (durch Angst vor Fehlern, daraus resultierendem Leistungsdruck und die ständige Bedrohung ihres Selbstwerts durch mögliche Misserfolge). Adaptive Perfektionisten und Perfektionistinnen sind dagegen zuversichtlich, was ihre Erfolge angeht, und freuen sich darüber, nach anspruchsvollen Zielen zu streben und hohe Leistungen zu erbringen; ihr Selbstwert gründet weniger ausschließlich auf ihrer Leistung, sondern ist insgesamt robuster.

Wie sieht es nun bei den Hochbegabten aus, denen man ja gerne Perfektionsstreben nachsagt? Erfreulicherweise ist maladaptiver Perfektionismus bei ihnen seltener und adaptiver Perfektionismus häufiger als bei durchschnittlich Begabten. Dass sie insgesamt perfektionistischer sind, beruht also zumeist auf der ausgeprägteren positiven Spielart des Perfektionismus.

Motivation

Motivation kann im Kontext Hochbegabung unterschiedlich konzipiert werden. In Modellen, die sich auf den Prozess der Umsetzung von Potenzial in Leistung konzentrieren (wie Gagnés *Differentiated Model of Giftedness and Talent;* vgl. Kapitel 2), gilt Motivation als Katalysator, der diesen Entwicklungsprozess fördern kann. Im *Drei-Ringe-Modell* von Renzulli ist Motivation neben hoher Intelligenz und Kreativität eine der Voraussetzungen für Hochbegabung. Wiederum andere fassen Motivation als eigenständige Art der Hochbegabung («motivational giftedness») auf, die mit nicht nur sehr guten, sondern herausragenden Leistungen einhergeht (Gottfried & Gottfried, 2009).

Man unterscheidet zwei Hauptformen der Motivation. *Extrinsisch* motiviert ist jemand, dessen Antrieb von außen kommt (entweder, weil man Vorteile oder Belohnungen erlangen will, weil man als Teil einer Gruppe die gemeinschaftlichen Ziele verinnerlicht hat oder weil andere es schlichtweg von einem erwarten). *Intrinsische* Motivation dagegen ist dadurch gekennzeichnet, dass man etwas aus eigenem Antrieb macht, entweder, weil die Aufgabe an sich Spaß macht, oder weil man bestimmte eigene Standards verfolgt, die einem wichtig sind. Was die schulbezogene Motivation betrifft, so schätzen sich Hochbegabte im Durchschnitt als stärker intrinsisch motiviert ein und bevorzugen herausfordernde, schwierige und neuartige Aufgaben. Hier spielen verschiedene Teilaspekte mit hinein, wie Beharrlichkeit (vgl. die Befunde zu Gewissenhaftigkeit weiter oben), Neugier und Freude am Denken, Lernzielorientierung und Aufgabenwahl.

Die Herausforderungskomponente ist im Kontext Hochbegabung besonders interessant (vgl. auch Kapitel 4, «Förderung»). Gemäß den sogenannten *Erwartungs-mal-Wert-Modellen* ist Motivation das Ergebnis einer Verrechnung zweier Faktoren: der Erfolgserwartung (Wie wahrscheinlich ist es, dass ich das Ziel erreiche?) und des Werts (Wie wichtig ist mir das Ziel?). Die *Erfolgswahrscheinlichkeit* steigt mit der Fähigkeit; hier bringen Hochbegabte sehr gute Voraussetzungen mit und schätzen sich auch als kompetenter ein als durchschnittlich Begabte. Sie steigt zudem mit der Anstrengungsbereitschaft. Diese hängt, wie oben im Zusammenhang mit Gewissenhaftigkeit skizziert, unter anderem mit der Herausforderung zusammen, die eine Aufgabe darstellt. Schwierige, aber nicht unlösbare Probleme, die sich mit Anstrengung bewältigen lassen, gelten als optimal, um Motivation und Anstrengungsbereitschaft aufrechtzuerhalten. Der *Wert der Zielerreichung* bemisst sich hingegen daran, ob das Motiv, das dadurch befriedigt wird, für die Person relevant ist. Klassischerweise werden drei Grundmotive unterschieden: das Leistungsmotiv (etwas leisten wollen), das

Machtmotiv (Einfluss haben wollen) und das Affiliationsmotiv (mit anderen verbunden sein wollen). Eine Aufgabe gut bewältigen zu wollen, spricht vor allem das Leistungsmotiv an; aber auch das Affiliationsmotiv kann eine Rolle spielen, wenn ein Jugendlicher beispielsweise gute Noten erbringt, um anderen damit zu gefallen – oder auch gerade nicht, wenn Leistungsbereitschaft als «uncool» gilt und man eher nach der Anerkennung von Kameradinnen und Kameraden strebt, denen Noten nicht so wichtig sind. Motivation entsteht also nur dann, wenn Erfolg möglich erscheint und auch wertgeschätzt wird.

Kontrollüberzeugungen wurden als weiterer Aspekt der Motivation untersucht. Hochbegabte Achiever zeichnen sich demnach durch stärkere internale Kontrollüberzeugungen aus. Sie fühlen sich weniger als hilfloser «Spielball des Schicksals», sondern sind stärker davon überzeugt, Situationen kontrollieren zu können. Underachiever dagegen zeigen häufiger externale Kontrollüberzeugungen und haben dadurch das Gefühl, ihr Schicksal weniger in der Hand zu haben. Das stützt den Befund, dass Kontrollüberzeugungen beeinflussen, inwiefern Potenzial letztlich in Leistung umgesetzt wird.

Attributionen sind Ursachenzuschreibungen (beispielsweise, warum man Erfolg hatte oder nicht); auch sie sind ein wichtiges Forschungsgebiet der Motivationspsychologie. Bisherige Untersuchungen deuten darauf hin, dass Hochbegabte im Vergleich zu durchschnittlich Begabten insgesamt günstiger attribuieren: Sie führen Erfolg eher auf ihre Fähigkeit zurück, Misserfolg hingegen stärker auf veränderliche Faktoren, insbesondere, zu wenig gelernt zu haben (Assouline, Colangelo, Ihrig & Forstadt, 2006). Interessanterweise sind es die Underachiever, die Misserfolge besonders stark external attribuieren. Sie geben also nicht sich selbst die «Schuld» an Misserfolgen, wie man vermuten könnte, sondern schreiben diese etwa den ungünstigen Umständen oder dem sprichwörtlichen «persönlichen Pech» zu. Genau das trägt aber zur Stabilität von Underachievement bei: Wenn man das Gefühl hat, selbst nichts gegen einen Misserfolg tun zu können, wird man auch wenig tun, um aktiv dagegen anzuarbeiten.

Im Kontext Motivation muss man außerdem beachten, welche Ziele Menschen verfolgen. Hier unterscheidet man vor allem zwei *motivationale Zielorientierungen*: die Lernziel- und die Leistungszielorientierung. Menschen mit hoher *Lernzielorientierung* haben das Ziel, etwas dazuzulernen und sich stetig zu verbessern. Sie bewerten ihre aktuellen Leistungen vor allem anhand früherer Leistungen und können so überprüfen, was sie dazugelernt haben. Leistung und Fähigkeiten lassen sich ihrer Ansicht nach durch Anstrengung steigern. Menschen mit hoher *Leistungszielorientierung* wollen dagegen eine möglichst gute Figur machen und bewerten ihre Leistungen daher im Vergleich zu anderen. Ihrer Ansicht nach geht Leistung vor allem auf Fähigkeiten zurück, die sich durch Anstrengung kaum verändern lassen. Die Leistungszielorientierung gliedert sich in zwei Teilaspekte: die Annäherungs- und die Vermeidungskomponente. Annäherungsorientierte Menschen streben Erfolg an. Sie wollen besser sein als andere und zeigen gerne, was sie können. Den Vermeidungsorientierten geht es dagegen darum, dass sie nicht schlechter sein wollen als andere und dass möglichst niemand mitbekommen soll, wenn sie Fehler machen. Man kann sich vorstellen, dass der «vermeidende» Stil mit deutlich mehr Stress für die Betroffenen einhergeht – und genau das bestätigen auch die Befunde. Solange diese Personen Erfolg haben, ist ihre Zielorientierung unproblematisch. Kritisch wird es aber bei Misserfolgen: Hier neigen die «Vermeider» dazu, das schlechte Ergebnis auf Umstände zurückzuführen, auf die sie keinen Einfluss haben, oder sich selbst fehlende Fähigkeiten zuzuschreiben. In solchen Situationen erleben sie sich als hilflos – ein Muster, das dem der Underachiever ähnelt. Hochbegabte, die auch hohe Leistungen erbringen, zeichnen sich dagegen durch eine stärkere Lernziel- und Annäherungsleistungszielorientierung aus, was dem Erfolg und der psychischen Gesundheit langfristig eher zuträglich ist. Insbesondere im Hinblick auf die in Kapitel 1.2 diskutierte Expertise, die ja langjährige gezielte Übung voraussetzt, wird deutlich, dass Fehler auf dem Weg zur Expertise unverzichtbare Lerngelegenheiten sind und Möglichkeiten zur Verbesserung und Perfektionierung der eigenen Fähigkeiten erschließen. Sie vermeiden zu wollen, ist also im höchsten Maße kontraproduktiv.

Interessant ist auch die Frage nach Geschlechterunterschieden, die insbesondere im Hinblick auf verschiedene Fächer (und hier vor allem Mathematik) untersucht wurden. So sind Mädchen im Durchschnitt in Mathematik weniger motiviert – und auch die Hochbegabten bilden hier keine Ausnahme. Hochbegabte Jungen führen Erfolg in Mathematik eher auf ihre Fähigkeit zurück, während hochbegabte Mädchen eher ihre Anstrengung als Grund anführen (Assouline et al., 2006) – ein Muster, das sich in dieser Form auch bei Lehrkräften findet und das sich möglicherweise auf die Schülerinnen und Schüler «überträgt». Auch in Bezug auf die oben angesprochenen Zielorientierungen unterscheiden sich die Geschlechter: Demnach sind hochbegabte Jungen stärker leistungszielorientiert als hochbegabte Mädchen, während sie sich hinsichtlich der Lernzielorientierung nicht unterscheiden (Finsterwald & Ziegler, 2002).

Zusammenfassend ist die Motivation Hochbegabter als positiv zu beurteilen: Vor allem unter günstigen Bedingungen, die ihre Fähigkeit angemessen fordern und in denen sie selbst am Thema interessiert sind (damit also einen Wert verbinden), sind sie leistungswillig, intrinsisch motiviert und engagiert. Eine Ausnahme sind die hochbegabten Underachiever, die sich durch stärker externale Kontrollüberzeugungen und ungünstigere Ursachenzuschreibungsmuster auszeichnen und weniger Wert auf hohe (schulische) Leistungen legen.

Interessen

Dass Hochbegabte außergewöhnliche Interessen haben, ist ein gängiges Klischee. Natürlich gibt es immer mal Kinder, die schon im Grundschulalter lieber Bücher über Astrophysik als «Ronja Räubertochter» lesen; insgesamt sind die Unterschiede zwischen Hochbegabten und durchschnittlich Begabten aber eher gering (Hoberg & Rost, 2009). Hochbegabte Jugendliche interessieren sich unabhängig vom sozioökonomischen Status etwas weniger für Freizeitthemen (wie Gespräche über das Fernsehprogramm oder Sport); der Effekt ist allerdings klein.

Betrachtet man die Interessenbereiche detaillierter, zeigt sich, dass sich Hochbegabte (und ebenso Hochleister) etwas mehr für Literatur und Musik interessieren; das bestätigt auch ein Ergebnis der Terman-Studie, dass hochbegabte Grundschulkinder mehr und lieber lesen. Kleine Interessenunterschiede zugunsten der Hochbegabten zeigten sich in diesem Alter auch für schulnahe Themen (Interesse an Sprache und Mathematik). Interessant ist außerdem der Befund der längsschnittlich angelegten Marburger Hochbegabtenstudie, dass sowohl diejenigen, die in der vierten *und* in der neunten Klasse als hochbegabt diagnostiziert worden waren, als auch diejenigen, die erst in Klasse 9 neu als hochbegabt identifiziert wurden, deutlich stärker ausgeprägte Interessen hatten als diejenigen, deren Hochbegabung sich nicht als stabil erwiesen hatte.

Insgesamt konnten bisherige Studien das Vorurteil des frühen, einseitigen Spezialistentums Hochbegabter nicht bestätigen; die Gemeinsamkeiten zwischen hoch- und durchschnittlich Begabten sind größer als die Unterschiede. Geschlechterunterschiede (die auch hier die klassischen Stereotype bestätigen) beeinflussen die Art und Ausprägung der Interessen deutlich stärker.

Verschiedene Studien untersuchten auch die beruflichen Interessen Hochbegabter. Dabei kommt häufig das gut validierte *RIASEC-Modell* (ein Akronym aus den Anfangsbuchstaben seiner Dimensionen) des amerikanischen Psychologen John L. Holland zur Anwendung, welches sechs Aspekte beruflicher Interessen unterscheidet: (1) *realistic* – Interesse für konkrete Probleme im motorischen, technischen oder handwerklichen Bereich; (2) *investigative* – Interesse an intellektuellen Problemen und systematischen Zusammenhängen; (3) *artistic* – Interesse an Kunst und künstlerischen Ausdrucksformen; (4) *social* – Interesse an sozialen Fragestellungen und am Umgang mit Menschen; (5) *entrepreneurial* – Interesse an unternehmerischer Tätigkeit und Führung; und (6) *conventional* – Interesse an strukturierten, ordnenden Aufgaben, die genaues Arbeiten erfordern. Dass sich Hochbegabte stärker für intellektuelle Probleme interessieren, wird wenig überraschen. Soziale Fragestellungen erscheinen ihnen dagegen weniger interessant. Bei jungen hochbegabten Erwachsenen fanden sich außerdem stärkere Ausprägungen auf der Skala *realistic;* das lag jedoch vor allem an den hochbegabten jungen Männern, die im Schnitt ein klarer konturiertes Profil aufwiesen (ausgeprägt hohe Werte im intellektuellen und realistischen, dagegen niedrige im sozialen Bereich) als die gleichaltrigen jungen Frauen, die sich in dieser Studie eher durch ausgewogene Profile auszeichneten (Vock, Köller & Nagy, 2011).

Die Interessen Hochbegabter sind auch deshalb ein wichtiges Forschungsthema, weil hohe Begabung ja nicht der einzige Faktor ist, der hohe Leistung vorhersagt. Dass Interessen tatsächlich über die Leistung hinaus zu Bildungs- und Berufswahlentscheidungen beitragen, konnte die *Study of Mathematically Precocious Youth* (SMPY; vgl. Kapitel 5) nachweisen. Hierbei zeigte sich zunächst, dass der dominanteste der sechs RIASEC-Bereiche über eine Zeitspanne von 15 Jahren relativ stabil blieb (Lubinski, Benbow & Ryan, 1995), Interessenprofile bei den besten ein Prozent sich also schon im Alter von 13 Jahren nachweisen ließen. Das ist vor allem im Hinblick auf die Unterrepräsentation von Mädchen und Frauen in den MINT-Fächern (Mathematik, Informatik, Naturwissenschaft und Technik) relevant: Das ausgeprägtere Interesse der Mädchen für Menschen (oder, weiter gefasst, «organische» Bereiche – im Gegensatz zur stärkeren Orientierung der gleich befähigten Jungen an Dingen und «inorganischen» Themen) gab den Ausschlag für spätere Berufsentscheidungen (Lubinski & Benbow, 2006). Das hat interessante Implikationen für die Förderung besonders Begabter, auf die wir im vierten Kapitel näher eingehen.

3.3 Zeigen sich bei Hochbegabten Besonderheiten in der Entwicklung?

Die deutlichste Besonderheit in der Entwicklung Hochbegabter ist, dass sich ihre Denkfähigkeiten schneller entwickeln als bei Gleichaltrigen: Sie zeigen intellektuelle Fähigkeiten und Fertigkeiten, die bei den meisten Kindern erst einige Jahre später zu erwarten sind. Ihr «mentales» Alter ist damit höher als ihr chronologisches. Neben dieser akzelerierten intellektuellen Entwicklung gibt es Hinweise darauf, dass Hochbegabte ihren Alterskameradinnen und -kameraden auch in anderen Bereichen voraus sind: beispielsweise in ihrem Verständnis für moralische Fragen oder für Freundschaftskonzepte. Während durchschnittlich Begabte etwa vorwiegend Spielkameradinnen und -kameraden suchen, wünscht sich ein hochbegabtes Kind möglicherweise bereits jemanden, mit dem es eine vertrauensvolle Beziehung eingehen kann (Gross, 2004). Solche Entwicklungsvorsprünge können dazu führen, dass sich die Lebenssituation Hochbegabter von der Gleichaltriger durchaus unterscheidet, was dann zu Problemen führen kann, wenn die Umwelt dies nicht erkennt und berücksichtigt. Dies gilt umso mehr, je höher die Begabung ausgeprägt ist. In der Literatur werden verschiedene Ausprägungsgrade von Hochbegabung unterschieden, wie zum Beispiel eine moderate, hohe oder extrem hohe Ausprägung. Auch wenn diese Differenzierung auf den ersten Blick etwas spitzfindig erscheinen mag: Hochbegabte sind keine homogene Gruppe, und das gilt auch für die Ausprägung ihrer Fähigkeiten. Wenn man beispielsweise einmal einen IQ von über 130 als Kriterium für Hochbegabung heranzieht, so wird damit gleichzeitig festgelegt, dass gut zwei Prozent einer Altersgruppe hochbegabt sind (vgl. Abbildung 6). Innerhalb dieser gut zwei Prozent sind die Fähigkeiten jedoch fast genauso breit verteilt wie innerhalb der 96 Prozent mit IQ-Werten zwischen 70 und 130. Hier würde kaum jemand in Frage stellen, dass man all diese IQ-Werte nicht gleichsetzen kann.

Bereits in sehr frühen Studien zur Hochbegabung wurden besondere Belastungen für Höchstbegabte (z. B. IQ über 180) diskutiert (Hollingworth, 1942), die durch aktuelle Untersuchungen bestätigt werden (Gross, 2009). Kritisch scheint vor allem der Mangel an intellektuell ebenbürtigen Personen in der Altersgruppe zu sein, der insbesondere in den letzten Kindergarten- und ersten Grundschuljahren zu sozialer Isolation führen kann. Reifere Freundschaftskonzepte sowie unterschiedliche intellektuelle Interessen und Vorlieben können es einem Kind schwer machen, Freunde unter Gleichaltrigen zu finden. Wichtig ist hierbei allerdings Folgendes: Höchstbegabung führt nicht per se zu Schwierigkeiten! Die meisten Studien haben gezeigt, dass Intelligenz negativ mit Verhaltensproblemen zusammenhängt, auch im Bereich extrem hoher Begabung (z. B. Grossberg & Cornell, 1988). Wenn es zu Schwierigkeiten kommt, so sind dafür meistens ungünstige Konstellationen zwischen Person und Umwelt (die beispielsweise die Begabung verkennt oder es an Verständnis und Unterstützung mangeln lässt) und der Mangel an «Gleichgesinnten» verantwortlich; je höher das Begabungsniveau ist, desto weniger wahrscheinlich ist es, diese zu finden. Höchstbegabte neigen daher eher dazu, ihre Begabung zu verstecken, als es moderat Hochbegabte tun; sie berichten häufiger, dass sie sich einsam fühlen oder Schwierigkeiten haben, Freunde zu finden. Gerade für Höchstbegabte ist es daher wichtig, mit ähnlich fähigen Kindern ihres Alters oder auch älteren Kindern zusammen sein zu können.

Nicht nur Höchstbegabte verstecken jedoch ihre eigene Begabung. Wie zu Anfang dieses Kapitels gezeigt, gibt es in der Öffentlichkeit nach wie vor viele unzutreffende Vorurteile über Hochbegabte; und das bleibt auch den Hochbegabten selbst nicht verborgen. Aus Furcht vor Vorurteilen und Stigmatisierung verstecken manche von ihnen daher ihre Fähigkeiten und Bedürfnisse. Auch wenn hochbegabte Jugendliche sich beispielsweise selbst gar nicht als «anders» als andere wahrnehmen, befürchten manche von ihnen, aufgrund ihrer Begabung, ihrer Leistungsbereitschaft oder Lernfreude von anderen stigmatisiert und abgewertet zu werden (z. B. Coleman & Cross, 2000). Dabei muss der soziale Anpassungsdruck von außen gar nicht tatsächlich vorhanden sein: Bestehende Vorurteile oder mediale Darstellungen können schon ausreichen, damit der oder die Jugendliche diesen Druck subjektiv erlebt. Die Furcht vor Ausgrenzung, die sich daraus ergibt, kann zu verschiedenen ungünstigen Bewältigungsstrategien führen. Ein Jugendlicher kann zum Beispiel die «Flucht nach vorne» antreten, sich entsprechend des Hochbegabtenstereotyps verhalten und das verrückte Genie spielen. Oder er passt sich an, um nicht aufzufallen – beispielsweise, was Freizeitbeschäftigungen oder schulisches Engagement angeht. Im Extrem kann er seine Fähigkeiten und Bedürfnisse auch komplett verleugnen und sich konträr zum Hochbegabtenstereotyp verhalten (z. B. Lästern über Hochbegabte, Schuleschwänzen). Gerade hochbegabte Mädchen im Jugendalter scheinen anfällig für diese Formen der «Bewältigung» zu sein, da eher in Mädchen- denn in Jungengruppen Leistung und Dazugehören als unvereinbare Gegensätze wahrgenommen werden (Reis, 2002).

Die Botschaften, die hochbegabte Jugendliche von ihrer Umwelt erhalten, können also durchaus widersprüchlich sein. Die amerikanische Psychologin Maureen Neihart beschreibt diese mit Beispielsätzen wie *«be smart but not too smart»* oder *«compete, but be nice»* (Neihart, 2006). Manchmal werden sowohl bestimmte Ziele wie Leistung, Wettbewerb oder Erfolg als auch dem widersprechende Werte und entsprechende Verhaltensweisen wie Bescheidenheit, Kooperation oder Beliebtheit eingefordert. Auch das kann einen offenen Umgang mit den eigenen Fähigkeiten erschweren.

Eine weitere mögliche Besonderheit für die Entwicklung Hochbegabter besteht darin, dass es für sie wahrscheinlicher als für nicht Hochbegabte ist, in der Schule dauerhaft unterfordert zu sein. «Im normalen Grundschulunterricht verschwenden Kinder mit einem IQ von 140 die Hälfte ihrer Zeit. Diejenigen mit einem IQ über 170 verschwenden praktisch ihre ganze Zeit», so formulierte es Leta Hollingworth (1942, S. 299; Übersetzung der Autorinnen). Oft sind Unterrichtsinhalte bereits bekannt oder werden lediglich wiederholt. Das Tempo der Stoffvermittlung im Regelunterricht ist für viele Hochbegabte zu langsam. Auch die Art der Stoffvermittlung kommt ihrer Denkweise nicht unbedingt entgegen: Sie gehen gerne deduktiv an neue Lerninhalte heran. Robert Sternberg (1986) bezeichnet hochbegabte Lernende beispielsweise als «decontextualists» (in Abgrenzung zu «constructivists»). Er umschreibt damit seine Beobachtung, dass Hochbegabte nach Verbindungen, Regeln und zugrunde liegenden allgemeinen Prinzipien suchen. Sie bevorzugen neue und komplexe Inhalte und setzen sehr flexibel unterschiedliche kognitive Strategien ein, wenn es darum geht, ein Problem zu lösen (Shore, 2000). Die Art der Stoffvermittlung im Unterricht sollte daher unterschiedliche Zugänge ermöglichen und auf Tiefe und Komplexität ausgerichtet sein, mit Konzepten, Verallgemeinerungen und Problemen beginnen – «difficult first» (Winebrenner, 2001) – und daraus dann Einzelheiten ableiten. Der Regelunterricht ist allerdings häufig genau anders herum aufgebaut.

Dauerhafte schulische Unterforderung kann die Entwicklung der Persönlichkeit und der Leistungsfähigkeit langfristig negativ beeinflussen. Hat jemand nie oder nur sehr selten die Gelegenheit, etwas erfolgreich zu bewältigen, was ihn wirklich fordert, so kann er kaum Sicherheit über die eigenen Fähigkeiten gewinnen. Manche Hochbegabte fühlen sich daher trotz guter Leistungen wie eine Mogelpackung («irgendwann merken die anderen, dass ich doch nichts kann») und haben Schwierigkeiten, sich Ziele zu setzen, die für sie angemessen – also weder zu hoch noch zu tief angesetzt – sind. Dauerhafte Unterforderung kann zudem zu Motivationsverlust führen; gerade zu Beginn der weiterführenden Schule sind schulbezogene Motivationsprobleme ein häufiger Anlass dafür, dass eine Beratung aufgesucht wird (Preckel & Eckelmann, 2008). Eine Lernumwelt und Förderung, die den Fähigkeiten und Lernbedürfnissen der Hochbegabten angemessen ist, ist damit nicht nur für die Leistungsentwicklung, sondern für das gesamte Wohlbefinden und die optimale Entwicklung der Person entscheidend.

Ein kurzes Fazit

Zum Abschluss dieses Kapitels möchten wir nochmals betonen, dass sich viele in Laienvorstellungen oder auch der Ratgeberliteratur (etc.) vermuteten Besonderheiten in der Persönlichkeit oder Entwicklung Hochbegabter empirisch *nicht* nachweisen lassen. Zum Teil finden sich Besonderheiten nur bei einer kleinen Gruppe innerhalb der Hochbegabten, aber eben nicht bei allen (z. B. Furcht vor sozialer Ausgrenzung bei einigen hochbegabten Jugendlichen). Zum Teil sprechen die Befunde klar gegen die Annahme spezifischer Stressoren (z. B. Perfektionismus oder Overexcitability). Hochbegabung per se ist nicht mit einer höheren Anfälligkeit für Stress oder Probleme verbunden. Hochbegabte erleben nicht mehr soziale oder emotionale Probleme als nicht Hochbegabte und zeigen auch keine höhere Prävalenz psychischer Störungen. Dennoch können sich im Einzelfall besondere Herausforderungen ergeben. Meist ergeben sich diese aus ungünstigen sozialen Interaktionen (z. B. mangelnde Anerkennung vorhandener Fähigkeiten oder Stigmatisierung). Bestimmte Umweltkonstellationen wie dauerhafte Unterforderung oder ein Umfeld, das Leistung mit dem Wert eines Menschen verwechselt und daher Leistungsunterschiede kritisch beäugt oder im Gegenteil auch forciert, können die Entwicklung Hochbegabter ungünstig beeinflussen.

4. Förderung von Hochbegabung

Damit sich Fähigkeiten und Persönlichkeit auf gelungene Weise entwickeln können, ist Förderung durch die Umwelt unabdingbar. Exzellenz entsteht als Resultat langjähriger, gut angeleiteter und strukturierter Übungsprozesse – bei durchschnittlich Begabten wie bei Hochbegabten. Auch kreativen Leistungen und Innovationen geht eine intensive, langjährige Beschäftigung mit einem Themengebiet voraus. Dazu sind neben Lernfähigkeit und persönlichen Eigenschaften wie Willensstärke oder Glaube an die eigenen Fähigkeiten auch angemessene Lerngelegenheiten, Anleitung und Unterstützung erforderlich (vgl. Kapitel 1 und 3).

Warum sollte man Hochbegabte aber überhaupt fördern? Zum einen wird aus einer gesellschaftlichen Perspektive mit Bezug auf ökonomische Begrifflichkeiten oft von der «Ressource Begabung» oder der «Ausschöpfung gesellschaftlicher Potenziale» gesprochen. Dies ist verständlich vor dem Hintergrund, dass Begabtenförderung auch durch den Einsatz von Steuergeldern umgesetzt wird. Personen, die durch besondere fachliche Kenntnisse, Erfindungen oder soziale Fähigkeiten zum gesellschaftlichen Gelingen beitragen, braucht man immer. Im Gegensatz zu dieser ökonomischen Sichtweise argumentiert die humanistische Perspektive nicht mit den zu erwartenden Leistungen, sondern mit persönlichen Bedürfnissen. Demnach hängt das individuelle Wohlbefinden von der sogenannten *Selbstaktualisierung* ab, also von der Möglichkeit, die eigene Persönlichkeit und die eigenen Fähigkeiten zu entwickeln. Zum Dritten kann auch Exzellenz als Wert an sich – quasi als schützenswerter und erstrebenswerter Bestandteil der eigenen kulturellen Identität einer Gesellschaft – jenseits von ökonomischen oder individuellen Motiven als Argument für die Hochbegabtenförderung angeführt werden (Dai, 2010). Diese Perspektiven schließen sich nicht aus; welche jedoch bevorzugt wird, hängt von den jeweiligen ethischen, politischen oder sozialen Überlegungen ab. Nicht selten stoßen die Förderung Hochbegabter und die Forderung danach jedoch auch auf Widerstand. Liegt dem nicht eine zu starke oder einseitige Leistungsorientierung zugrunde, insbesondere, wenn es um junge Kinder geht? Gibt es in Zeiten knapper Kassen nicht vordringlichere Probleme? Und wieso sollte man überhaupt Personen fördern, die durch ihre hohe Begabung sowieso schon einen Vorteil haben – wäre das gerecht?

Unser Grundgesetz garantiert das Recht auf freie Entfaltung der Persönlichkeit. Zusammen mit der geltenden Schulpflicht ergibt sich daraus, dass *jedes* Kind ein Anrecht auf Förderung hat, die dazu dient, die eigenen Fähigkeiten zu entwickeln. Insofern muss man Hochbegabtenförderung eigentlich gar nicht besonders begründen, denn das Recht auf Begabungsförderung besteht für alle gleichermaßen. Ungerechtigkeit entsteht allerdings dann, wenn Förderangebote ignorieren, dass unterschiedliche Personen auch unterschiedliche Ausgangsbedingungen mitbringen und von allen dieselben Lernwege, -geschwindigkeiten oder -ergebnisse einfordern. Ungerechtigkeit entsteht weiterhin, wenn bestimmten Gruppen der Zugang zu Fördermaßnahmen oder Ressourcen im weitesten Sinne systematisch erschwert oder gar verwehrt wird. Dies ist kein spezifisches Problem der Hochbegabtenförderung, sondern ein größeres gesamtgesellschaftliches Problem (vgl. etwa Hartmann & Kopp, 2001). Auch in der Hochbegabtenförderung sind Personen aus Familien mit einem geringeren Einkommen oder geringerer Bildung unterrepräsentiert. Wie internationale Schulleistungsstudien (z. B. PISA, IGLU/PIRLS, TIMSS) zeigen, hängen Bildungserfolg und soziale Herkunft in Deutschland deutlich stärker zusammen als in vielen anderen Ländern. Kinder von weniger gebildeten Eltern haben eine wesentlich geringere Chance auf eine Gymnasialempfehlung als Kinder von gebildeteren Eltern – selbst dann, wenn sie objektiv gleich viel können. Vermutlich werden diese Kinder von ihren Lehrkräften auch seltener für Begabtenförderprogramme vorgeschlagen (wie in Kapitel 2.2

beschrieben). Zudem sind viele der bestehenden Programme nicht auf diese Personengruppen vorbereitet und lassen sich nicht einfach unverändert auf diese übertragen (VanTassel-Baska, Feng & Evans, 2007). Es kann also nicht nur darum gehen, mehr Personen aus benachteiligten Gruppen in Begabtenförderprogramme zu holen; auch die Programme selbst müssten neu konzipiert werden. Chancengleichheit in der Bildung betrifft auch die Hochbegabtenförderung; insgesamt besteht hier noch großer Handlungsbedarf.

Die Schulleistungsstudien zeigen weiterhin, dass in Deutschland relativ wenige Kinder die höchsten Kompetenzstufen erreichen. In den letzten Erhebungen (IGLU/PIRLS & TIMSS, 2011) erreichten lediglich anderthalb Prozent der Schülerinnen und Schüler diese Kompetenzen in allen drei erfassten Bereichen (Lesen, Mathematik, Naturwissenschaften). Auch dieser Befund signalisiert Handlungsbedarf. Entsprechend lautet das Fazit dieser Untersuchungen, dass nicht nur leistungsschwache und sozial benachteiligte Schülerinnen und Schüler gezielt unterstützt werden müssen, sondern auch mehr Schülerinnen und Schüler die höchsten Kompetenzstufen erreichen sollen.

Ideen und Ansatzpunkte aus der Hochbegabtenförderung können hier sicherlich wertvolle Impulse setzen: zum einen, weil die Möglichkeit von Leistungsexzellenz überhaupt in Betracht gezogen und positiv bewertet wird, zum anderen, weil man anerkennt, dass das chronologische Alter einer Schülerin oder eines Schülers nur sehr eingeschränkt Aussagen über Entwicklungsstand und Lernfähigkeit zulässt. Jede Lehrkraft weiß, dass sich gleichaltrige Kinder in ihren Fähigkeiten und Lernvoraussetzungen sehr stark unterscheiden können. Bildungsangebote, die an das chronologische Alter gekoppelt sind, schaffen damit ganz eigene Herausforderungen. Weiterhin verdeutlicht die große Heterogenität innerhalb der Gruppe der Hochbegabten, dass es einen optimalen Förderansatz für alle kaum geben kann und dass Bildungsangebote selbst innerhalb der Gruppe der Hochbegabten differenziert werden müssen (Preckel & Vock, 2013). Und schließlich zeigt die Förderung von Hochbegabung unter einer Entwicklungsperspektive (vgl. Kapitel 2.1 «Informationsquellen unter einer Entwicklungsperspektive»), dass Förderangebote erstens langfristig, zweitens zunächst breit und dann zunehmend (fach-)spezifischer und drittens durchlässig und flexibel angelegt werden sollten, sodass in allen Entwicklungsabschnitten Türen zum Ein- und Austritt offen stehen.

4.1 Möglichkeiten der Hochbegabtenförderung im Überblick

Die Förderung Hochbegabter ist nicht an einen speziellen Rahmen gebunden, sondern kann viele Formen annehmen. In den ersten Lebensjahren, aber auch darüber hinaus, erfolgt sie zumeist in der Familie. Später kommen Bildungseinrichtungen wie Kindergarten und Schule, dann berufliche Optionen hinzu. Möglichkeiten und Wirksamkeit von Förderung in Bildungsinstitutionen sind deutlich besser erforscht als im familiären Kontext. Dennoch scheint eine frühe Förderung außerordentlich wichtig für die weitere Entwicklung zu sein. Lernen kann als ein sogenannter *kumulativer Prozess* verstanden werden: Je besser zuvor gelernt wurde und je mehr Vorkenntnisse vorhanden sind, desto erfolgreicher läuft er ab. Wenn Neugierde und Wissensdurst positiv beantwortet werden, wenn der Einsatz eigener Fähigkeiten zum Erfolg führt, wird sich ein Kind eher in diese Richtung weiterentwickeln. Eltern sind oft die ersten, die einen Entwicklungsvorsprung bei ihrem Kind entdecken und für eine entwicklungsangemessene Umgebung sorgen können. Und darum geht es bei gelungener Förderung immer: Zwischen Entwicklungspotenzialen und -bedürfnissen einerseits und den Entwicklungsanforderungen und -angeboten der Umwelt andererseits sollte eine möglichst gute *Passung* bestehen (Brandtstädter, 2007). Was diese Passung nun konkret ausmacht, kann nur im Einzelfall entschieden werden – sie muss eben zum Kind, zu seiner Umwelt und nicht zuletzt auch zu den Eltern und ihren Lebensumständen passen (konkrete Anregungen und Tipps dazu gibt das Elternhandbuch «Hochbegabte Kinder klug begleiten» von Arnold & Preckel, 2011).

Förderangebote sollten nicht nur auf einzelne Fertigkeiten abzielen, sondern die Person insgesamt darin unterstützen, ihre emotionalen, sozialen oder selbstregulativen Fähigkeiten zu entwickeln. Je vertrauensvoller und sicherer der Beziehungskontext ist, in dem Förderung erfolgt, desto besser gelingt das. Welche Haltung und Zielsetzung hinter der Förderung stehen, kann entscheidend dafür sein, ob sie als unterstützend oder instrumentalisierend erlebt wird – mehr noch als ihre konkrete Umsetzung. Ziele, mit denen man sich nicht identifizieren kann, sind langfristig keine Basis. Hochbegabtenförderung kann damit als Förderung individueller Entwicklung durch entwicklungsangemessene Angebote und Anforderungen verstanden werden.

Wenn man über Sinn und Nutzen von Hochbegabtenförderung diskutiert, muss man auch immer mitdenken, welche Auswirkungen es hätte, nicht zu fördern. Hochbegabte Lerner benötigen in ihrem Begabungsbereich tägliche Herausforderung; sie erleben in nicht herausfordernden Lernumgebungen mehr und in herausfordernden Umgebungen deutlich weniger Stress (Hoekman, McCormick & Gross, 1999; Rogers, 2007). Ihre Lernumgebung muss ihnen erlauben, Lernfortschritte zu machen; Stagnation kann, wie oben dargelegt, zu Stress und Langeweile und infolgedessen zu – insbesondere sozialen – Verhaltensauffälligkeiten führen.

Generell unterscheidet man bei der Förderung Hochbegabter zwischen den Förderprinzipien *Akzeleration* und *Enrichment*. Beide können getrennt oder in Kombination realisiert werden; zudem können sie im regulären Klassenverband oder auch außerhalb davon durchgeführt werden. Wir geben nun zunächst einen Überblick über diese Ansätze; in den folgenden Kapiteln gehen wir dann genauer auf Befunde zu ihrer Wirksamkeit und konkrete Beispiele aus der Förderpraxis ein.

Akzeleration und Enrichment

Im Hinblick auf die beschleunigte kognitive Entwicklung Hochbegabter liegt es nahe, Hochbegabten den Lernstoff schon früher zugänglich zu machen als altersüblich. Lerninhalte werden eher und somit insgesamt schneller bearbeitet, was dazu führt, dass die regulären Bildungseinrichtungen in kürzerer Zeit durchlaufen werden. Dieses Prinzip der *Akzeleration* («Beschleunigung») stellt eine wesentliche und mit die wirksamste Maßnahme der Hochbegabtenförderung dar (siehe auch Kapitel 4.2). Generell umfasst Akzeleration «jede Maßnahme, die es einer Schülerin oder einem Schüler ermöglicht, den vorgesehenen Lehrplan oder Teile davon früher zu beginnen, zu beenden oder schneller zu passieren, als es teils üblich, teils gesetzlich vorgesehen ist» (Heinbokel, 1996, S. 1). Hierbei soll die natürliche Entwicklung nicht künstlich beschleunigt werden; es geht vielmehr darum, dass die Lerninhalte zu den Fähigkeiten passen. Der amerikanische Psychologe Julian C. Stanley hat es schön auf den Punkt gebracht: Die Idee ist, Lernenden nur das zu vermitteln, was sie nicht schon kennen (Stanley, 2000). Das setzt voraus, dass Lerninhalte flexibel angepasst werden und dass das Bildungssystem durchlässig genug ist, damit es im individuellen Tempo durchlaufen werden kann.

Das zweite wichtige Prinzip der Hochbegabtenförderung lautet *Enrichment* («Anreicherung»). Da die regulären Lerninhalte den Lerninteressen und -bedürfnissen Hochbegabter oft nicht ausreichend entgegenkommen, werden sie durch einen besonderen Lehrplan oder durch Ergänzungsangebote inhaltlich angereichert und vertieft (VanTassel-Baska, 2003). Hochbegabte Lernende brauchen kognitive Stimulation und Herausforderungen; wenn ein Thema sie beschäftigt und fasziniert, können sie sich sehr intensiv und ausdauernd darauf konzentrieren und sind dann bereit, buchstäblich bis zum Umfallen dafür zu arbeiten. Beim Enrichment wird das reguläre Angebot daher inhaltlich und auch methodisch-didaktisch so angereichert, dass es den Lernbedürfnissen Hochbegabter stärker entspricht, um sie dadurch in ihrer intellektuellen, persönlichen oder emotionalen Entwicklung zu fördern – es geht also nicht um Beschäftigungsmaßnahmen zur Überbrückung von Langeweile und Leerlauf! Lerninhalte können durch Stoffvertiefung oder Hinzunahme neuer Inhalte erweitert werden; Lehr-/Lernprozesse dadurch, dass kritisches Denken oder die Lösung von Problemen und kognitiven Konflikten gefordert werden. Schließlich können auch die Lernkontexte angereichert werden, beispielsweise über individualisiertes Lernen (hierbei erhalten Lernende wie bei der Binnendifferenzierung je nach Kenntnisstand unterschiedliche Materialien oder Aufgabenstellungen) oder in Form einer Fähigkeitsgruppierung (äußere Differenzierung) in Begabtenklassen oder Sommerakademien. Häufig werden Akzeleration und Enrichment auch kombiniert; Tabelle 1 zeigt Möglichkeiten, wie sich das in konkrete Maßnahmen umsetzen lässt.

Tabelle 1: Beispiele für Hochbegabtenförderung durch Akzeleration und Enrichment

Akzeleration	Enrichment	Akzeleration & Enrichment
• Frühzeitige Einschulung • Flexible Eingangsstufe • Überspringen einer Klassenstufe (individuell oder in Gruppen) • Unterricht in höheren Klassen in einzelnen Fächern	• Innere Differenzierung der Lerninhalte • Arbeitsgemeinschaften • «Pull-Out»-Programme (zeitweilige Gruppierung mit besonderem Angebot) • Wahl zusätzlicher Kurse • Schülerwettbewerbe • Kurse in Universitäten • Schüleraustauschprogramme • Ferienprogramme • Mentoringprogramme	• Individualisierung und «curriculum compacting» (Erfassung des individuellen Kenntnisstands mit entsprechender Anpassung der Lernzeiten und -inhalte; s. u.) • Altersgemischte Klassen • Intensivkurse • Spezielle Einrichtungen für Hochbegabte (Kindergärten, Schulen, Klassen etc.) • Frühstudium

Integration und Separation

Die Beispiele in Tabelle 1 zeigen bereits, dass manche Maßnahmen innerhalb des regulären Klassenverbands stattfinden (z. B. innere Differenzierung der Lerninhalte), während andere einen ganz eigenen Kontext schaffen (z. B. spezielle Klassen für Hochbegabte). Die Frage, ob Hochbegabte integriert gefördert werden können oder einen separaten Kontext benötigen, wird nach wie vor stark diskutiert. Die derzeitige Inklusionsdebatte über ein gemeinsames Schulsystem, aus dem kein Kind ausgeschlossen wird, trägt zur Aktualität dieser Debatte bei. In allen Bundesländern gibt es inzwischen spezielle Einrichtungen nicht nur für musische oder sportliche Talente, sondern auch für intellektuell Hochbegabte (oft in Form besonderer Klassen am Gymnasium). Interessanterweise wird die Notwendigkeit der ersten beiden kaum in Frage gestellt – die von eigenen Einrichtungen für intellektuell Hochbegabte jedoch schon. Wichtig ist allerdings stets, dass Entwicklungspotenziale und -bedürfnisse einerseits und Entwicklungsanforderungen und -angebote andererseits zusammenpassen. Angesichts der zu knappen Ressourcen, die derzeit für Bildung zur Verfügung stehen, und der aktuellen Voraussetzungen in der Lehrerbildung ist dieses Ziel in speziellen Begabtenklassen wahrscheinlich eher zu erreichen als im Regelsystem. Nach wie vor erfahren die meisten Erzieherinnen, Erzieher und Lehrkräfte in ihrer Ausbildung so gut wie nichts über hochbegabte Kinder und deren Förderung, obwohl das Interesse durchaus vorhanden ist (Vock, Preckel & Holling, 2007). Forschungsergebnisse zeigen außerdem, dass Weiterbildungen für Lehrkräfte in der Hochbegabtenförderung notwendig sind – und auch effizient. Typische Inhalte solcher Weiterbildungen sind etwa: Überprüfung der eigenen (möglicherweise falschen) Vorannahmen (vgl. Kapitel 3.1), Erkennen von Begabungen, Wissen über Lernbedürfnisse oder besondere didaktische Kompetenzen wie Differenzierung, Straffung oder Anreicherung der Lernangebote. Bei speziellen Angeboten wie etwa Begabtenklassen liegt es noch stärker als beim integrativen Unterricht auf der Hand, dass die Lehrkräfte entsprechend vorbereitet werden müssen; in der Regel wird hier zudem der Lehrplan an die Zielgruppe angepasst. Die Voraussetzungen dafür, dass Hochbegabtenförderung gelingt, sind damit oft günstiger als im Regelunterricht.

Um Missverständnissen vorzubeugen: Natürlich können Hochbegabte auch im regulären Klassenverband über Binnendifferenzierung angemessen gefördert werden. Hierbei werden die Lerninhalte zum Beispiel über Enrichment an die individuellen Unterschiede zwischen den Schülerinnen und Schülern angepasst; zudem werden Lern- und Unterrichtsformen, Zugänge zu Lerninhalten oder Lernzeiten flexibel gestaltet. Um den Unterricht so anpassen zu können, benötigen Lehrkräfte unter anderem sehr gute diagnostische Kompetenzen zu Lernstand, Entwicklung und Fähigkeiten ihrer Schülerinnen und Schüler; außerdem brauchen sie Lernmaterial und Instruktionen, die nach Kompetenzstufen differenziert vergeben werden können. Binnendifferenzierung ist also eine anspruchsvolle und ressourcenintensive Aufgabe. Die Forschung zeigt, dass alle Lerngruppen davon profitieren – am deutlichsten tatsächlich die überdurchschnittlich befähigten Schülerinnen und Schüler (Kulik & Kulik, 1997). Die meisten Studien unterscheiden allerdings nicht zwischen «überdurchschnittlich begabt» und «hochbegabt»; spezifische Befunde zur Förderung Hochbegabter durch Binnendifferenzierung gibt es entsprechend kaum. Auch wenn diese zumeist bildungspolitisch durchaus gewollt ist, scheint sie in der Praxis eher selten Anwendung zu finden, selbst wenn die Lehrkräfte wissen, dass einer oder mehrere ihrer Schülerinnen oder Schüler hochbegabt sind (Archambault et al., 1993). Wie oben erwähnt, haben die meisten Lehrkräfte in ihrer Ausbildung nicht oder kaum gelernt, wie sie Lehrplan und Unterricht an diese Gruppe anpassen können. Oft fehlen in der Praxis auch die grundlegenden Voraussetzungen für Binnendifferenzierung, wie ausreichend Material, Raum und Lehrpersonal. Solange das so bleibt, wird Hochbegabtenförderung ohne spezielle Maßnahmen oder Programme kaum auskommen (Dai, 2010).

4.2 Akzeleration

Die Auswirkungen von Akzeleration im Schulalter sind relativ gut erforscht; jedoch gibt es kaum Befunde für Akzeleration im Vorschulalter. Für diese Altersgruppe müssen wir daher auf Erfahrungen aus der Beratungspraxis und auf Einzelfälle zurückgreifen; doch erlauben die Befunde zur schulischen Akzeleration recht klare Aussagen.

Akzeleration im Kindergarten

Im Kindergarten bieten die altersgemischten Gruppen eine gute Möglichkeit für jüngere hochbegabte Kinder, mit Älteren zusammen zu lernen. Die Gruppen sind zumeist mit Materialien für verschiedene Altersstufen ausgestattet, sodass jüngere

Kinder auch bei den Älteren mitmachen können. Wie oft und wie gut diese Möglichkeiten genutzt werden, ist noch nicht systematisch erforscht. Erfahrungen aus der Beratungspraxis legen jedoch nahe, dass viele Hochbegabte vor allem in den letzten Kindergartenjahren kein ausreichendes Angebot erhalten. Dabei bieten sich gerade hier viele Möglichkeiten der Hochbegabtenförderung (über Praxisbeispiele und Grundlagen berichtet ein Handbuch von Koop, Schenker, Müller, Welzien und der Karg-Stiftung, 2010). Es gibt keine festen Lernpläne und -gruppen, die Angebote können aus der Situation heraus gemäß den jeweiligen Interessen der Kinder entwickelt werden; Akzelerationsmaßnahmen im Schulkontext unterliegen dagegen stärkeren formalen Vorgaben. Bislang sind die meisten Kindergärten in Deutschland auf diese Arbeit nicht ausreichend vorbereitet, obwohl Bildung (neben Betreuung und Erziehung) eine zentrale Aufgabe des Kindergartens ist (z. B. die Vermittlung von Vorläuferfähigkeiten späterer schulischer Inhalte wie Symbol-Laut-Zuordnungen, Kenntnis von Buchstaben oder Grundlagen des Rechnens). Bei Akzelerationsmaßnahmen ist zudem der Austausch mit Grundschulen sinnvoll, etwa bei Fragen der frühzeitigen Einschulung. Doch oft sind Vor- und Grundschulerziehung in unterschiedlichen Ministerien angesiedelt, was die Kommunikation auf institutioneller Ebene und damit auch die Durchlässigkeit zwischen beiden Bildungseinrichtungen nicht unbedingt erleichtert.

Akzeleration in der Schule

Akzeleration im Schulkontext ist die am besten erforschte Fördermaßnahme für Hochbegabte. Viele hochbegabte Lernende sind in der Lage, den regulären Schulstoff eines Jahres deutlich schneller (z. B. in drei bis sechs Monaten) zu bewältigen. Zahlreiche Studien dokumentieren übereinstimmend mittlere bis große positive Effekte für die Leistungsentwicklung sowie kleinere positive Effekte für die soziale Entwicklung und Integration (Steenbergen-Hu & Moon, 2010; Hattie, 2009). Viele Eltern oder Lehrkräfte befürchten jedoch, dass Maßnahmen wie frühzeitige Einschulung oder Überspringen von Klassen die betroffenen Schülerinnen und Schüler überfordern und zu Stress und Burnout führen oder dass sich das Zusammensein mit Älteren negativ auf die weitere Persönlichkeitsentwicklung auswirkt. Die Forschung kann diese Befürchtungen entkräften. Wenn die kognitiven Voraussetzungen gegeben sind und die Akzeleration von allen Beteiligten begrüßt und unterstützt wird, ist sie eine äußerst wirksame – und relativ unkomplizierte – Möglichkeit, hochbegabte und leistungsstarke Schülerinnen und Schüler zu fördern. Nach dem Überspringen einer Klasse gehören sie nach einer kurzen Aufholphase meist schnell wieder zur Leistungsspitze – und sind dann gegebenenfalls wieder unterfordert, was weitere Fördermaßnahmen notwendig macht. Frühzeitig eingeschulte hochbegabte Kinder zeigen überwiegend eine positive Leistungs-, aber auch sozial-emotionale Entwicklung (Gagné & Gagnier, 2004). Auch von den Hochbegabten selbst wird Akzeleration rückblickend sehr positiv bewertet, wie eine Befragung von 320 amerikanischen Höchstbegabten zeigt: Die große Mehrheit (über 70 Prozent) bewertete die Akzeleration als positiv für ihre akademische, soziale und emotionale Entwicklung. Diejenigen, die mit der Akzeleration nicht zufrieden waren, gaben überwiegend an, sie hätten ihre Schulzeit gerne noch stärker verkürzt, nicht weniger (Lubinski, Webb, Morelock & Benbow, 2001).

Trotz dieser ermutigenden Befunde werden individuelle Akzelerationsmaßnahmen in Deutschland eher selten umgesetzt. Beispielsweise übersprangen im Schuljahr 2006/07 nur 0,05 Prozent der Schülerinnen und Schüler aller Jahrgangsstufen eine Klasse; 7,1 Prozent aller Kinder wurden frühzeitig eingeschult (Preckel & Vock, 2013). Anders sieht es mit strukturellen Akzelerationsmaßnahmen aus, mit denen eine insgesamt kürzere Schulzeit erreicht werden soll. Maßnahmen der früheren oder flexibleren Einschulung (wie die flexible Eingangsphase, in der die ersten beiden Schuljahre in ein bis drei Jahren absolviert werden können) oder die Verkürzung der Gymnasialschulzeit auf acht Jahre bieten Chancen für die Hochbegabtenförderung (ob sie in diesem Sinne tatsächlich genutzt werden, muss allerdings noch gezeigt werden). Gleichzeitig eröffnen sie aber auch Grenzen, denn eine weitere Akzeleration hätte zur Folge, dass Schulabsolventinnen und -absolventen sehr jung wären. Schon jetzt muss sich die Universität darauf einstellen, dass die Studierenden immer jünger werden (z. B. beschränkte Geschäftsfähigkeit Minderjähriger). Für diese Gruppe fehlen häufig institutionalisierte Ausbildungsangebote. Auch 14-Jährige können sehr erfolgreich studieren, wie zahlreiche Beispiele (nicht nur das von Michael Kearney) zeigen. Dies muss allerdings von der Umwelt in besonderem Maße unterstützt werden. Hochbegabtenförderung durch Akzeleration muss also langfristig angelegt sein und über den Schulkontext hinaus organisiert werden.

4.3 Enrichment

Enrichment umfasst zahlreiche und sehr unterschiedliche Maßnahmen, was es schwer macht, allgemeine Aussagen zur Wirksamkeit der verschiedenen Angebote zu treffen. Insgesamt erweisen sich die Maßnahmen zwar als weniger effektiv als Akzelerationsmaßnahmen; generell sind die Effekte jedoch positiv, sowohl im Hinblick auf die akademischen und kreativen Leistungen als auch für die persönliche Entwicklung der Teilnehmenden (z. B. Kulik & Kulik, 1997; Kulik, 2004; Lipsey & Wilson, 1993).

Renzullis Schoolwide Enrichment Model

Im ersten Kapitel haben wir Renzullis Drei-Ringe-Modell der Hochbegabung vorgestellt, wonach eine Person hochbegabtes Verhalten dann entwickelt, wenn überdurchschnittliche Fähigkeiten mit hoher Aufgabenverpflichtung und Kreativität einhergehen. Zur Förderung insbesondere der Aufgabenverpflichtung und der Kreativität hat Renzulli das *Schoolwide Enrichment Model (SEM)* konzipiert (Renzulli, 1977; Renzulli & Reis, 1997), das wir hier exemplarisch für Hochbegabtenförderung durch Enrichment vorstellen möchten. Im SEM sollen die Fähigkeiten und Stärken aller Schülerinnen und Schüler durch angereicherte Lernerfahrungen und hohe Lernstandards gefördert und damit Hochbegabung bei möglichst vielen Kindern und Jugendlichen entwickelt werden. Die angereicherten Lernerfahrungen sollen alltagsnah sein, auf den Interessen der Schülerinnen und Schüler aufbauen und produktiv sein (also tatsächlich etwas bewirken oder hervorbringen). Im Zentrum des SEM steht die «Enrichment-Trias» mit drei Angebotsformen: Typ-1-Angebote sollen die Neugierde am Thema und die intrinsische Motivation wecken, sich weiter damit zu beschäftigen; diese «Schnupperangebote» richten sich an alle Schülerinnen und Schüler und können von Lehrkräften, Eltern oder den Schülerinnen und Schülern selbst organisiert werden. Typ-2-Angebote zielen auf das Training von Fähigkeiten ab, die notwendig sind, um ein Thema möglichst professionell weiterzuverfolgen (z. B. Methodenkompetenzen, Schulung der Selbstregulation oder Kommunikationsfähigkeit), was dann in Typ-3-Angeboten in Einzel- oder Teamprojekten realisiert wird. Die Zeit, die erforderlich ist, um Typ-2- oder Typ-3-Aktivitäten nachzugehen, wird im SEM durch das sogenannte *Curriculum Compacting* gewonnen: Beherrscht eine Schülerin oder ein Schüler ein Themengebiet bereits (was über lernzielorientierte Tests überprüft wird), wird sie oder er vom Regelunterricht freigestellt, um Zeit für die Projektarbeit zu haben. Hier wird der Lernplan im regulären Schulkontext also weitreichend individualisiert. Das SEM wurde inzwischen an mehreren Tausend Schulen in verschiedenen Ländern eingesetzt und hat sich insgesamt als flexibel einsetzbares und breit akzeptiertes Fördermodell erwiesen (einen Überblick gibt die Website *www.gifted.uconn.edu/sem*).

Deutsche SchülerAkademie

Ein ebenfalls effektives, aber gänzlich anders organisiertes Enrichmentangebot für Hochbegabte bietet die Deutsche SchülerAkademie (DSA) – ein außerschulisches Programm während der Sommerferien, das sich bundesweit an Schülerinnen und Schüler der Sekundarstufe II richtet, die entweder von ihrer Schule zur Teilnahme vorgeschlagen werden oder sich selbst bewerben. In 16-tägigen Kursen bearbeiten die Jugendlichen unter Leitung zweier Erwachsener verschiedene wissenschaftliche oder musisch-kulturelle Themen. Das Niveau der Kurse ist insgesamt hoch, meist gleichzusetzen mit dem ersten Hochschulsemester. Bereits vor Start der Akademie bereiten die Teilnehmenden Literatur vor; im Akademieverlauf arbeiten sie ca. 50 Stunden in den Kursen, dokumentieren Kursthema, Lernprozess und -ergebnis und präsentieren sich gegenseitig ihre Ergebnisse. Neben den Kursen gibt es übergreifende Aktivitäten wie etwa einen Chor oder ein Orchester, eine Theatergruppe, ein Sportturnier oder gemeinsame Exkursionen.

Die DSA wurde mehrfach evaluiert (Grosch, 2011; Heller & Neber, 1994; Neber & Heller, 1997, 2002); die Teilnehmenden berichteten sowohl direkt nach der Akademie als auch viel später noch von einer Reihe positiver Effekte (z. B. für Lerntechniken, Bildungsplanung, Motivation, Selbstsicherheit, soziale Beziehungen). Auch zehn Jahre nach der Teilnahme gaben sie an, wichtige Impulse für ihre Persönlichkeitsentwicklung und ihr Selbstkonzept erhalten zu haben. Insbesondere das Zusammensein und das intensive gemeinsame Lernen mit Gleichbefähigten und ähnlich Interessierten stellt für viele Hochbegabte eine wichtige Erfahrung dar: Es ist nicht selten das erste Mal, dass sie auf Gleichaltrige stoßen, die sich wie sie für eine Sache begeistern und engagieren, die sie akzeptieren und mit denen sie «auf Augenhöhe» kooperieren können.

4.4 Separation

In Deutschland gibt es in allen Ländern Angebote, in denen intellektuell besonders begabte Schülerinnen und Schüler getrennt von nicht Hochbegabten gefördert werden. Maßnahmen dieser sogenannten äußeren Differenzierung können für wenige Stunden pro Woche stattfinden (z. B. in AGs oder Kursen) und bis zu einer kompletten Separation reichen (z. B. in Hochbegabtenschulen). Im Gegensatz zur inneren Differenzierung sind die Effekte der äußeren Differenzierung – der Gruppierung Hochbegabter in fähigkeitshomogeneren Gruppen – bereits in zahlreichen Studien erforscht worden. Diese Maßnahmen kombinieren oft Akzeleration und Enrichment und passen Lehrplan und Unterricht an die Lernbedürfnisse Hochbegabter an. Unstrittig ist, dass diese Art der Förderung der Leistungsentwicklung der Schülerinnen und Schüler zugutekommt – das belegen zahlreiche Studien (Rogers, 2007). Wie bereits erwähnt, ist (insbesondere dauerhafte) Separation dennoch umstritten. Wir werden uns daher Forschungsbefunde zu einer solchen Maßnahme – nämlich spezielle Klassen für Hochbegabte – genauer ansehen.

Hochbegabtenklassen

Hochbegabtenklassen sind zumeist als Ganztagsangebot gestaltet. Je nach Förderschwerpunkt (z. B. Sprachen oder Naturwissenschaften) können mehr Kurse als üblich belegt, Fächer zu Themenschwerpunkten zusammengefasst und der Unterricht durch Verzicht auf Übungs- und Wiederholungsphasen beschleunigt werden; häufig ist zudem die gesamte Schullaufbahn akzeleriert (z. B. gemeinsames Überspringen einer Klassenstufe). Die so gewonnene Zeit lässt sich dann für Projekte, selbstständiges Lernen oder Wettbewerbsteilnahmen nutzen – um nur einige Möglichkeiten zu nennen.

Hochbegabte Schülerinnen und Schüler leisten in Hochbegabtenklassen deutlich mehr und entwickeln sich in ihrer Leistung auch besser als in Regelklassen – der Vorsprung kann bis zu einer Klassenstufe betragen (Kulik & Kulik, 1992). Dies zeigt sich allerdings nicht immer auch in den Noten, denn diese können – trotz objektiv besserer Leistungen – durchaus schlechter ausfallen als in Regelklassen. Das liegt daran, dass Lehrkräfte Noten in der Regel nach einer klassenspezifischen sozialen Bezugsnorm vergeben: je leistungsstärker die jeweilige Klasse, desto schwerer wird es, für eine Leistung eine gute Note zu bekommen. Geht es um für die Laufbahn entscheidende Noten wie die Abiturnote, dürfen sich solche Bezugsgruppeneffekte jedoch nicht nachteilig für die Hochbegabten auswirken. Eine Möglichkeit, dies zu verhindern, besteht darin, die Hochbegabtenklassen in der gymnasialen Oberstufe in das reguläre Kurssystem zu integrieren (zur Förderung werden dann etwa mehr Leistungskurse ermöglicht oder besondere Intensivkurse angeboten).

Auch in Hochbegabtenklassen zeigt sich, dass die Schülerinnen und Schüler das Zusammensein mit ähnlich Interessierten und Befähigten als sehr positiv bewerten. Sie fühlen sich sozial stärker akzeptiert als in Regelklassen und nehmen die Klassenatmosphäre als besser wahr; zudem schätzen sie ihre Beziehungen zu den Lehrkräften positiver ein, sind an Schule mehr interessiert und eher mit ihr zufrieden und erleben – entgegen vielfacher Befürchtungen – auch nicht mehr Leistungsdruck (Schneider, Stumpf, Preckel & Ziegler, 2012).

Angesichts dieser positiven Befunde erscheint Kritik an dieser Förderform schwer nachvollziehbar. Oft beziehen sich Gegenstimmen auch weniger auf die Ergebnisse der empirischen Bildungsforschung, sondern sind eher durch bildungspolitische Gründe motiviert. Dennoch stellen einzelne Befunde den Besuch von Hochbegabtenklassen tatsächlich in Frage. Diese beziehen sich auf das akademische Selbstkonzept (vgl. Kapitel 2.1 und 3.2). Vereinfacht dargestellt führt ein hohes akademisches Selbstkonzept – also eine hohe Einschätzung der eigenen schulbezogenen Fähigkeiten – dazu, dass jemand in einem Fach mehr ausprobiert und motivierter und interessierter ist. Das kann wiederum dazu beitragen, dass die Schülerin oder der Schüler sich mit dem Fach tiefer gehend auseinandersetzt, was langfristig den Lernerfolg positiv beeinflusst. Neben Intelligenz und Vorwissen hat damit das akademische Selbstkonzept einen starken Einfluss auf Schulleistung und Lernverhalten. Ähnlich wie Noten unterliegt nun auch das akademische Selbstkonzept Referenzgruppeneffekten: Zwei Schüler oder Schülerinnen mit objektiv gleicher Leistungsfähigkeit, die aber Klassen mit unterschiedlichen Leistungsniveaus besuchen, unterscheiden sich daher im akademischen Selbstkonzept. In der Regel schätzt ein Hochbegabter in einer regulären (fähigkeitsheterogenen) Klasse seine Fähigkeiten höher ein als ein entsprechender Schüler in einer Hochbegabtenklasse. Entscheidend für die Wahrnehmung der eigenen Fähigkeiten sind also nicht nur die tatsächlich vorhandenen Fähigkeiten, sondern auch die jeweilige Referenzgruppe, mit der sich ein Schüler oder eine Schülerin vergleicht (sog. «Big-Fish-Little-Pond-Effekt»). Hinzu kommen oft noch strengere Noten durch die Lehrkräfte, die sich ebenfalls negativ auf das Selbstkonzept auswirken. Die Gruppierung Hochbegabter in speziellen Klassen kann somit das Selbstbild eigener Fähigkeiten negativ beeinflussen (z. B. Craven, Marsh & Print, 2000).

Interessanterweise wirkt sich der Besuch einer Hochbegabtenklasse aber auch positiv auf das akademische Selbstkonzept aus – z. B. durch den Stolz, es in diese Klasse geschafft zu haben, oder das herausfordernde Lernangebot (Preckel & Brüll, 2010). Um Hochbegabtenklassen zu bewerten, muss man die möglichen Kosten gegen ihren Nutzen abwägen; die Zusammenschau bisheriger Befunde zeigt für das sozio-emotionale Erleben und die Leistungsentwicklung jedoch überwiegend positive Effekte auf.

4.5 Mentoring

Zum Abschluss dieses Kapitels stellen wir eine Förderoption vor, die in jedem Kontext – sei er inner- oder außerschulisch – umgesetzt werden kann.

Mentoring hat das Ziel, Menschen in ihrer Entwicklung zu unterstützen. Der Schützling, das «Mentee», profitiert dabei von dem Wissens- und Erfahrungsvorsprung seines Mentors. Das Besondere an dieser – in der Regel auf längere Zeit angelegten – Beziehung ist, dass der Mentor sich individuell um das Mentee kümmern und dadurch auch besonders gut auf dessen individuelle Entwicklungs- und Förderbedürfnisse eingehen kann. Mentoren wären somit im Sinne Gagnés (vgl. Kapitel 1) als «Katalysatoren» anzusehen, die die Umsetzung von Potenzial in Leistung unterstützen. Die Mentorenrolle darauf zu beschränken, wäre allerdings zu kurz gegriffen. Denn Mentees profitieren auch in psychosozialer Hinsicht – und dieser Aspekt sollte auch systematisch berücksichtigt werden, um eine ganzheitliche Entwicklung der Persönlichkeit zu unterstützen.

Mentoring speziell bei Hochbegabten ist bislang noch wenig erforscht. Zum Teil liegt das wohl daran, dass der Begriff eine Vielfalt von Definitionen (über die bislang noch keine wissenschaftliche Einigung erzielt wurde) und möglichen Formen umfasst (Stoeger, 2009). Dadurch ist es nicht ganz einfach, systematische Effekte nachzuweisen, weil diese teilweise sehr verschiedenen Interventionen nicht ohne weiteres vergleichbar sind. Sie unterscheiden sich beispielsweise in der Anzahl der Mentoren (klassische 1:1-Beziehung, Aufgabenteilung oder nahtloser Übergang zwischen verschiedenen Mentoren), der Dauer der Mentoringbeziehung (von der Kurzzeitintervention bis zur langjährigen Beziehung) oder dem Entwicklungsstand des Mentees und den daraus resultierenden Bedürfnissen (z. B. «Erwachsenwerden» für Jugendliche, «Lernen ungeschriebener Karriereregeln» für junge Erwachsene am Beginn ihrer beruflichen Laufbahn). Der Mentor nimmt dabei unterschiedliche, miteinander zusammenhängende Rollen ein, beispielsweise die des Ratgebers, des Vorbildes oder des Freundes (Clasen & Clasen, 2003).

Dass es nicht ganz einfach ist, Wirkungen nachzuweisen, heißt aber nicht, dass es nicht versucht worden wäre. Eine Zusammenschau von Befunden aus 73 Evaluationsstudien von Mentoringprogrammen in den USA aus den Jahren 1999 bis 2010 ergab, dass Mentoring sowohl fördernd als auch präventiv wirkt – und das in vielen Bereichen (DuBois et al., 2011). Die Effekte sind zwar nicht unbedingt enorm; dennoch sprechen die Befunde dafür, dass Mentoring insgesamt positive Auswirkungen hat.

Wenngleich es noch kein theoretisches Modell speziell zum Mentoring Hochbegabter gibt, lassen sich auf allgemeinerer Ebene doch drei Pfade unterscheiden, über die diese Art Intervention wirkt (Rhodes, 2002):

- ***durch Verbesserung der kognitiven Fähigkeiten:*** Ein Mentor bietet eine intellektuell stimulierende und fordernde Umgebung und ermöglicht es dem hochbegabten Mentee, seine oder ihre kognitiven Fähigkeiten auf einem Niveau zu entfalten, wie es innerhalb des Bildungssystems kaum möglich wäre. Insbesondere bei ausgeprägten Begabungen, die im Schulkontext weniger relevant sind (etwa visuell-räumlichen Begabungen oder künstlerischem Talent), kann ein Mentor berufliche Möglichkeiten aufzeigen, auf die die Schule in geringerem Maße eingeht. Vielseitig interessierte und begabte Mentees, die die «Qual der

Wahl» haben, können mit ihrem Mentor die vielen Möglichkeiten durchdenken und erkunden, bevor sie eine informierte Entscheidung treffen.

- ***durch Verbesserung der sozialen Fähigkeiten und des emotionalen Wohlbefindens:*** Von den Vorurteilen in ihrer Umgebung bleiben die Hochbegabten selbst nicht unberührt. Vor allem diejenigen, die sich aufgrund ihrer Begabung «anders» fühlen, die in einem Umfeld aufwachsen, das ihre Begabung nicht wertschätzt oder mit ihren sozialen und emotionalen Bedürfnissen anderweitig nicht kongruent ist, und die aus diesen oder anderen Gründen ihre Begabung nicht ausleben wollen oder können, profitieren von der Akzeptanz durch Mentoren, die ihnen etwas zutrauen und ihre Fähigkeiten als etwas Positives wahrnehmen. Die Passung ist auch hier zentral, damit es zu einer echten emotionalen Bindung kommen kann.
- ***durch die Vorbild- und Fürsprecherfunktion des Mentors:*** Mentoring ist auch Lernen am Modell. Eine gewisse Ähnlichkeit zwischen Mentor und Mentee ist also hilfreich. Wer Schwierigkeiten am eigenen Leib erfahren hat, kann diese bei seinen Mentees besser nachvollziehen und dadurch an Glaubwürdigkeit gewinnen. Dem Mentee zeigt das Vorbild des Mentors, welche persönlichen und professionellen Entwicklungsmöglichkeiten ihm offenstehen.

Für bestimmte hochbegabte Teilgruppen wird Mentoren, insbesondere in ihrer Vorbild- und Fürsprecherfunktion, eine besondere Bedeutung zugemessen. Dazu gehören vor allem hochbegabte Mädchen, Hochbegabte, die einer Minderheit angehören (z. B. Personen mit Migrationshintergrund oder niedrigem sozioökonomischem Status) und hochbegabte Underachiever. Von diesen Gruppen wird weniger erwartet (bei Mädchen insbesondere in den MINT-Fächern); das kann es ihnen schwerer machen, ihr Potenzial umzusetzen. Im Rückblick sagen drei Mal so viele Frauen wie Männer, dass sie einen (meist männlichen) Mentor hatten, der sie bei beruflichen Entscheidungen unterstützt hat (Reilly & Welch, 1994–1995). Ob junge Frauen nun besser einen männlichen oder einen weiblichen Mentor haben sollten, ist noch nicht geklärt; dass in der oben genannten Studie mehr männliche Mentoren erwähnt wurden, liegt möglicherweise auch daran, dass es in den entsprechenden Positionen noch mehr Männer als Frauen gibt. Trotz bestehender Forschungslücken legen die bisherigen Befunde nahe, dass Mentoring eine sinnvolle ganzheitliche Fördermaßnahme ist, um die Entfaltung von Potenzial zu unterstützen und gleichzeitig dem Mentee bei seiner psychosozialen Entwicklung zur Seite zu stehen.

Ein kurzes Fazit

Hochbegabtenförderung funktioniert – das zeigen zahlreiche Studien. Sie zeigen zudem, dass sich Stagnation und ein Mangel an Herausforderung (z. B. beim Unterlassen der Förderung) negativ auf die Entwicklung hochbegabter Schülerinnen und Schüler auswirken können. Hochbegabte können sich untereinander jedoch sehr stark unterscheiden; das darf bei der Förderung nicht außer Acht gelassen werden. So ist es vor dem Hintergrund des Prinzips der Passung auch nicht weiter verwunderlich, dass nicht alle hier beschriebenen Förderansätze für alle Hochbegabten gleichermaßen geeignet sind. Beispielsweise passen akzelerierte Angebote eher zu hochleistenden Hochbegabten, während Enrichmentangebote eher für diejenigen geeignet sind, die ihr Potenzial (noch) nicht umsetzen können. Viele Hochbegabte haben zudem einen klaren Begabungsschwerpunkt in einer Domäne. Insofern ist es wichtig, dass es unterschiedliche Förderoptionen für Hochbegabte gibt. Die Diskussion um die einzig «richtige» halten wir hingegen für müßig.

5. Geschichte der Hochbegabtenforschung und -förderung

Weder Beforschung noch Förderung Hochbegabter sind eine Erfindung unserer Zeit. Schon früh bestand Interesse daran, besondere Begabungen zu identifizieren und zu unterstützen. Das Ziel war jedoch weniger, es dem Individuum zu ermöglichen, seine Potenziale frei zu entfalten, als vielmehr, diese für politische und gesellschaftliche Ziele zu nutzen. Von Anfang an stand also die «Verwertbarkeit» im Vordergrund; humanistische Selbstverwirklichungsideale waren lange von untergeordneter Bedeutung.

5.1 Von der Antike bis zur modernen Hochbegabungsforschung

Ein frühes Beispiel für gezielte Begabtenidentifikation findet sich bereits im Alten Testament. Dort stellte Gideon das Heer, das er gegen die Midianiter in die Schlacht führte, durch ein zweistufiges, von Gott persönlich autorisiertes Auswahlverfahren zusammen: Selbstnomination («Wer blöde und verzagt ist, der kehre um», Richter 7:3) und Verhaltensbeobachtung («Wer mit seiner Zunge Wasser leckt, wie ein Hund leckt, den stelle besonders; des gleichen wer auf seine Kniee fällt, zu trinken», Richter 7:5). Dadurch reduzierte sich das Heer zwar von 32 000 auf 300 Mann, doch augenscheinlich hatte das Verfahren gute Vorhersagekraft: Gideon gewann die Schlacht.

Bereits im Kindesalter setzte Konfuzius (verm. 551–479 v. Chr.) an. Er forderte als Erster, der Staat solle Begabte identifizieren und in der Entwicklung ihrer Fähigkeiten unterstützen. Diese «göttlichen Kinder», die sich durch Schärfe der Wahrnehmung und des Verstandes auszeichneten, wurden am Hof des Kaisers aufgezogen. Der Erfolg dieser Maßnahme zeigte sich im

Vergleich mit Kindern, die ähnlich gute Voraussetzungen aufwiesen, deren Eltern sie allerdings nicht hatten weggeben wollen: Ihre Begabung war im Gegensatz zu der der Geförderten deutlich verkümmert. Die Ressource Begabung galt als Garant für nationalen Wohlstand; die Förderung der «göttlichen Kinder» sollte entsprechend allen zugutekommen (vgl. Heinbokel, 1988).

«Der Gott, der euch formte, hat denen, welche zu regieren geschickt sind, bei ihrem Werden Gold beigemischt, und deswegen haben sie vorzüglichen Wert, allen Helfern aber Silber, und Eisen und Erz den Landleuten und übrigen Handwerkern» (Platon, *Politeia* 415 St.2 A). Diese gleichsam auch im Wortsinne «wertvollen» Menschen zu beschützen, ist eine zentrale Aufgabe der Mächtigen in Platons utopischem Staat. Dass sowohl Philosophenherrscher als auch einfache Bauern meist Kinder zeugen, die ihnen ähnlich sind, ist jedoch keineswegs zwangsläufig: Auch «silberne» oder «eherne» Eltern können durchaus «goldene» Kinder bekommen – in Anbetracht der Diskussionen um die Erblichkeit der Intelligenz und der Notwendigkeit, Begabung auch dort zu suchen, wo man sie gar nicht unmittelbar vermuten würde, eine erstaunlich aktuelle Sichtweise! Die Aufgabe der Herrschenden ist es, diese Kinder so früh wie möglich zu finden und sie auf ihre Bestimmung als zukünftige Herrscher vorzubereiten, um so die griechische Demokratie zu sichern. Interessanterweise macht Platon keinen Unterschied zwischen Jungen und Mädchen. Fähigkeit hat für ihn kein Geschlecht – es sollte lange dauern, bis sich dieser Gedanke wieder durchsetzen würde.

Im Osmanischen Reich wurde im 15. Jahrhundert die sogenannte *Devşirme* («Knabenlese») institutionalisiert. Unter Murad II. (1404–1451) wurde ein bestimmter Anteil christlicher Jungen ihren Eltern weggenommen, von denen die intelligentesten, stärksten und schönsten gezielt auf staatliche Führungsaufgaben (u. a. bei den Janitscharen, der «Elitetruppe» des Osmanischen Reiches) vorbereitet wurden (Papoulia, 1963). Die Erzwingung der Erblichkeit des Janitscharenstandes 1651 hatte zur Folge, dass die Auswahl des Nachwuchses nicht mehr nach klaren Kriterien erfolgte; danach sanken sowohl das Leistungsniveau als auch der politische Einfluss dieser «Elite».

Neben dem politischen hatte Martin Luther (1483–1546) den religiösen Nachwuchs im Blick, als er lange vor Einführung der allgemeinen Schulpflicht 1524 in der «Schrift an die Ratsherren der deutschen Stände» forderte, besonders Tüchtige sollten die Schule länger besuchen, was er 1530 in seinem «Sermon, man solle die Kinder zur Schule halten» zu einem Schulzwang für Begabte ausweitete. Moritz von Sachsens Fürstenschulen in den Klöstern Sankt Afra, Grimma und Schulpforta stehen in dieser Tradition. In diesen drei Schulen sollten Jungen (zumindest theoretisch ungeachtet ihres Standes) eine Ausbildung erhalten, die sie zum Universitätsstudium befähigte. Heute sind Sankt Afra und (Schul-)Pforta Internate mit Schwerpunkt Hochbegabtenförderung. Weitere Gründungen folgten dem sächsischen Vorbild – u. a. die 13 württembergischen Klosterschulen, die Herzog Christoph von Württemberg 1556 mit dem Ziel einrichtete, begabte Jungen aller Stände als «Bildungselite» in seinem eher ressourcenarmen Land heranzuziehen – eine Argumentation, die vermutlich bekannt klingt.

Auffälligerweise richteten sich Bildungsbemühungen im Sinne einer Begabtenidentifikation und -förderung – außer in Platons *Politeia* – ausschließlich an Jungen. Eine Ausnahme bildet der tschechische Philosoph und Pädagoge Johann Amos Comenius (1592–1670): In seiner *Didactica magna* fordert er eine allgemeine Schulpflicht für Mädchen und Jungen bis zum zwölften Lebensjahr, ungeachtet ihres Standes. Für die praktisch Begabten ist im Anschluss daran eine Ausbildung vorgesehen, für die anderen der Besuch der sechsjährigen Lateinschule und ggf. der Universität.

In den USA sprach sich Präsident Thomas Jefferson (1743–1826) in seinen *Notes on the State of Virginia* dafür aus, besonders begabte Jungen ärmerer Eltern staatlich fördern zu lassen. Auch er glaubte, dass Begabung in allen Bevölkerungsschichten vorkomme; sie müsse jedoch – insbesondere bei den Armen – gefördert werden, um nicht zu verkümmern (ebd., S. 274). Die Eignung der Knaben sollte dabei kontinuierlich überprüft werden, sodass nur die Besten übrig blieben, die herausragendsten Genies mit Worten Jeffersons also quasi aus dem Kehricht «herausgeharkt» werden (ebd., S. 272). Jefferson ist auch der Erste, der Bildungsdifferenzierung im Zusammenhang mit dem Glück des Einzelnen sieht: «Der allgemeine Gegenstand dieses Gesetzes ist es, für eine Bildung zu sorgen, die an Alter, Fähigkeit und Umstände eines jeden angepasst ist und die seine Freiheit und sein Glück zum Ziel hat» (ebd.; Übers. der Autorinnen).

Dieser Blick in die Historie zeigt, dass besonders Begabte durchweg als gesellschaftliche Ressource galten. Er verdeutlicht auch, dass vieles, was uns heute «modern» erscheint, schon lange vor uns gedacht worden war – etwa, dass Begabung quer durch die Gesellschaft vorkommt und weder Schicht noch Geschlecht kennt; dass sie ohne Förderung verkümmert; dass diese Förderung früh einsetzen sollte; und, zumindest bei Jefferson, dass die Gleichung «einmal begabt – immer begabt» nicht unbedingt stimmen muss, die Passung zwischen Individuum und Förderung also kontinuierlich überprüft werden sollte.

Was genau aber besondere Begabung ausmacht und welche Förderung für wen geeignet ist, blieb noch sehr unklar. Die systematische Erforschung hoher Begabung begann erst ab der Mitte des 19. Jahrhunderts.

5.2 Hochbegabtenforschung und -förderung im 20. und 21. Jahrhundert.

Das Interesse an besonderen Begabungen ist seit dem 19. Jahrhundert ungebrochen. Vor allem der assoziationsreiche Begriff des «Genies», dessen Wurzeln wir im Kontext der Laientheorien weiter oben ja bereits angesprochen haben, übte zu Anfang der Moderne noch eine besondere Faszination aus, was sich auch in den Titeln wegweisender Veröffentlichungen zeigte. Im Folgenden werden wir auf einige Publikationen, Studien und Personen eingehen, die das Bild von Hochbegabung geprägt haben.

Hochbegabtenforschung und -förderung im angloamerikanischen Raum

Francis Galtons Hereditary Genius (1869)

Francis Galton (1822–1911) ist im Kontext Hochbegabung in zweierlei Hinsicht relevant: Zum einen gilt er als Pionier der Intelligenzmessung, der versuchte, kognitive Fähigkeiten objektiv durch physische und physiologische Maße wie Reaktionszeit oder Schädelumfang zu erfassen – mit mäßigem Erfolg. Zum anderen (und das ist der interessantere Aspekt) näherte er sich dem unscharfen Geniebegriff auf wissenschaftliche Weise an; seine subjektiven Wertungen und politischen Ziele lassen sich jedoch nicht verhehlen.

Im Titel seines Buches klingt es schon an: Die Erblichkeit spielt bei seiner Erforschung herausragender Männer und ihrer männlichen Verwandten – auch weibliche Verwandte zu untersuchen, verbietet ihm die Schicklichkeit[3] – eine wichtige Rolle; als Cousin Charles Darwins (der selbst übrigens zu menschlicher Vererbung nicht geforscht hat) war er mit den Gesetzen der Evolutionstheorie gut vertraut. Auch er fügt sich in die Reihe derer ein, die mit der Bestenauslese politische Ziele verfolgten. Als Begründer der *Eugenics Education Society* (später *[British] Eugenics Society*; erst 1989 wurde die Gesellschaft in *Galton Institute* umbenannt) führte er diesen Gedanken konsequent weiter: Er sah es als praktikabel an, «durch umsichtige Heirat über mehrere aufeinander folgende Generationen eine hoch begabte Menschenrasse hervorzubringen» (S. 1). Als einer der ersten Vertreter der Differentiellen Psychologie (des Zweiges der Psychologie, der sich mit Unterschieden zwischen Menschen befasst) nimmt er an, dass sich Menschen hinsichtlich ihrer Fähigkeiten unterscheiden und dass diese bei jedem einer natürlichen, unveränderlichen Begrenzung nach oben hin unterliegen. Die Fähigkeiten der «Genies» liegen am oberen Extrem der Normalverteilung. Der Unterschied ist also ein quantitativer und kein qualitativer – eine klare Abgrenzung vom Bild des Genies seiner Epoche. Diese Fähigkeiten sind, so die Ergebnisse seiner Analysen bedeutender Männer und ihrer Familien, großenteils erblich. Somit legt er ein deterministisches Begabungsmodell zugrunde, das den Einfluss von Katalysatorvariablen fast komplett außer Acht lässt. Allerdings unterliegt Galton einem Zirkelschluss: Aus der gezeigten Leistung, die seiner Auswahl zugrunde liegt, schließt er zurück auf eine ererbte Fähigkeit, die wiederum die hohen Leistungen erklärt. Entsprechend sucht man pädagogische Ansätze zur Förderung von Begabung bei ihm vergebens: Er beschränkt sich auf Auswahl und gezielte «Zucht» einer hochleistenden Elite.

Lewis M. Termans Genetic Studies of Genius (1921 bis heute)

In derselben Tradition steht auch Lewis M. Terman (1877–1956), der 1921 die erste längsschnittliche Hochbegabtenstudie in Kalifornien initiierte. Insgesamt 1528 Kinder, die von ihren Lehrkräften vorab nominiert worden waren, wurden auf Grundlage eines altersspezifisch festgelegten Mindest-Intelligenzquotienten in einem standardisierten IQ-Test für die Studie ausgewählt. Termans Ziel war es, die nach wie vor in den Köpfen verankerte Verbindung zwischen Genie und Wahnsinn aufzubrechen – und in der Tat sprechen seine Ergebnisse für die Harmoniehypothese. Einige ausgewählte Ergebnisse: Im Vergleich zu durchschnittlich Begabten waren seine «Termiten», wie sie scherzhaft genannt wurden, als Kinder in der Schule und auch später als Erwachsene im Beruf – zumindest, was den männlichen Teil der Stichprobe angeht, denn etwa 80 Prozent der weiblichen Teilnehmer waren im Erwachsenenalter dann doch «nur» als Hausfrau oder Sekretärin tätig (Oden, 1968) – überdurchschnittlich erfolgreich,[4] sozial gut angepasst und charakterlich weiter entwickelt als Gleichaltrige. Sie zeigten ein deutlicher ausgeprägtes intellektuelles und soziales Interesse, lasen mehr Bücher, schliefen mehr, waren besser ernährt, nicht häufiger krank und sogar körperlich etwas größer und reifer als andere Kinder ihres Alters (Terman, 1925 ff., Bd. I).

Kritik erfuhr die Studie in mehrfacher Hinsicht. Methodisch betrachtet, ist bereits die mehrstufige Stichprobenauswahl auf Grundlage der Lehrereinschätzung problematisch, da Lehrkräfte, wie wir weiter oben gesehen haben, Hochbegabte (insbesondere Underachiever) nur bedingt identifizieren können. Die Vorauswahl und somit auch die endgültige Stichprobe unterliegen dadurch den üblichen Beurteilerfehlern (Mädchen, Kinder aus anderen Ethnien oder mit niedrigerem sozioökonomischen Hintergrund sind zum Teil deutlich schwächer vertreten) und folglich keineswegs repräsentativ. Identifiziert wurden großenteils diejenigen, die ohnehin schon privilegiert waren; und bereits der hohe sozioökonomische Status der Stichprobe an sich kann einen Großteil der Unterschiede erklären. Fairerweise muss man zugestehen, dass Terman sehr detailliert erläutert, wie sich die verschiedenen Teilstichproben zusammensetzen, und sich bemüht, das Vorgehen und auch die Schwierigkeiten der Untersuchung transparent zu machen. So war die Einbeziehung der Lehrereinschätzung als erster Schritt des Auswahlverfahrens ein Kompromiss, da ein flächendeckendes IQ-Screening, wie Terman es bevorzugt hätte, mit den vorhandenen Mitteln nicht hätte finanziert werden können. Schwerer wiegt jedoch, dass er in die Entwicklung «seiner» Kinder (etwa durch Empfehlungsschreiben) zum Teil nicht unwesentlich eingriff (Shurkin, 1992), was insbesondere seine längsschnittlichen Daten angreifbar macht, möglicherweise aber dazu beitrug, dass die Mehrzahl seiner Teilnehmerinnen und Teilnehmer auch zu den späteren Erhebungszeitpunkten weiter teilnahm – im fortgeschrittenen Erwachsenenalter belief sich die Quote auf 95 Prozent!

Ein wichtiges Problem aus heutiger Sicht sind auch die Hintergründe seiner Studie. Für Terman galt der objektive IQ-Test als bestes Kriterium, um die zukünftige Elite des Landes zu identifizieren – eine sehr eindimensionale Sicht von Hochbegabung. An die hohe Intelligenz knüpfen sich indes weitere positive Eigenschaften: Für Terman sind Hochbegabte besondere Menschen, und zwar nicht nur in intellektueller Hinsicht. Sie denken anders, fühlen anders, haben andere Lernbedürfnisse, verfolgen unterschiedliche Entwicklungspfade und bilden mithin eine von durchschnittlich Begabten klar distinkte Kategorie – eine Annahme, die, wie in Kapitel 3 gezeigt, auf der Grundlage aktuellerer Forschungsergebnisse nicht mehr haltbar ist. Wie auch Galton war Terman überzeugter Eugeniker; der IQ war für ihn letztlich ein Mittel zum Zweck, um die hoch Befähigten zu selektieren, die das Land seiner Ansicht nach dringend brauchte, um zukunftsfähig zu bleiben (und deren besonderen Bedürfnissen in einem am Durchschnitt orientierten Bildungssystem nur unzureichend Rechnung getragen wurde).

Trotz allem kommt Terman ein zweifaches Verdienst zu. Zum einen strebte er danach, den unscharfen Geniebegriff an objektiven Kriterien, namentlich IQ-Testergebnissen, festzumachen. Zum anderen trug er maßgeblich dazu bei, besondere Begabungen zu «entpathologisieren», indem er das bis dahin von der Disharmoniehypothese geprägte Bild von Hochbegabten in Frage stellte und zahlreiche positive Gegenbeispiele lieferte. Die letzten Überlebenden aus der ursprünglichen Stichprobe werden auch gegenwärtig noch untersucht – und liefern somit weiterhin Material für diese faszinierende Studie, die bis heute eine ungeheure Menge an Daten und Erkenntnissen erbracht hat.

Leta Hollingworths Höchstbegabtenstudie (1926/1942)

Eine besondere Stichprobe untersuchte die in Deutschland weitgehend unbekannte Psychologin Leta Stetter Hollingworth (1886–1939): höchstbegabte Kinder mit einem IQ von mindestens 180, von denen sie insgesamt 20 untersuchte. Aber wie misst man so hohe Intelligenz überhaupt? Ausgehend von dem oben genannten Abweichungs-IQ müsste eine enorme Stichprobe erhoben werden, um entsprechende Vergleichswerte zu erhalten: Ausgehend von einer perfekten Normalverteilung kommt ein IQ von 180 statistisch betrachtet einmal unter 3 483 046 Personen vor, bei einem IQ von 200 (der höchste in ihrer Stichprobe, erreicht von «Kind J») liegt die Quote sogar nur bei 1:4 852 159 346.[5] Hollingworth verwendete hierzu den von Terman adaptierten *Stanford-Binet-Test*, der das «Intelligenzalter» (das intellektuelle Leistungsniveau in Lebensjahren ausgedrückt – etwa «Leistungsniveau eines Zwölfjährigen» = 12) in Relation zum chronologischen Lebensalter setzt. Nach der Formel von William Stern (s. u.) mit 100 multipliziert, ergibt sich ein IQ von 200 also beispielsweise, wenn ein sechsjähriges Kind Aufgaben löst, die eigentlich erst für Zwölfjährige gedacht sind, also deutlich «über Niveau getestet» wird («above-level testing»).

Hollingworth selbst verortet sich mit dem IQ-Kriterium in der Tradition von Terman, Binet und auch Galton. Der Vorteil des IQ ist ihrer Ansicht nach, dass er im Gegensatz zu den vielen assoziationsreichen Geniedefinitionen eindeutig quantifizierbar ist (wenngleich sie den «genialen» IQ deutlich höher ansetzt als Terman). Da die Stichprobe sehr klein war, geht Hollingworth zunächst auf die Einzelfälle ein, um im Anschluss den Versuch zu unternehmen, allgemeinere Muster abzuleiten. In einem Bildungssystem, das auf diese Kinder nicht vorbereitet ist, kommt es ihren Befunden zufolge häufig zu Problemen. Maßnahmen wie das Überspringen von Klassen oder ein Frühstudium können dazu beitragen, dass diese Kinder ihre außergewöhnlichen Begabungen entfalten; wird ihre Fähigkeit jedoch nicht wertgeschätzt, kann sich daraus eine extreme Aversion und Leistungsverweigerung entwickeln. Schon diese frühen Befunde verdeutlichen, dass Kinder, die extrem von der Norm abweichen, eher Anpassungsschwierigkeiten haben. Hollingworths Beobachtungen zufolge liegt das Maximum des ‹optimalen› IQ im Bereich zwischen etwa 130 und 150; bei noch höheren Werten besteht die Gefahr der sozialen Isolation. Ein unterstützendes und wertschätzendes Umfeld kann solche negativen Auswirkungen jedoch vollständig oder zumindest in großen Teilen abfangen. Besonders wichtig ist es Hollingworth aber außerdem, dass extrem Hochbegabte lernen, die Perspektive der weniger Begabten einzunehmen (egal, ob es sich dabei um Gleichaltrige oder Erwachsene handelt), auch wenn ihnen deren Sichtweisen ineffizient, töricht und irrational erscheinen – und hinzunehmen, dass diese wiederum ihre Sichtweise womöglich gar nicht verstehen *können*. «Zu lernen, die Dummen bereitwillig zu ertragen ... ist eine der schmerzhaftesten und schwierigsten Lektionen, die jedes hochbegabte Kind lernen muss, wenn seine persönliche Entwicklung erfolgreich verlaufen soll» (Hollingworth, 1942, S. 259 f.; Übersetzung der Autorinnen). Das klingt zunächst resigniert, zeugt aber vielmehr von Hollingworths tiefem Verständnis dafür, wie das menschliche Miteinander funktioniert: Besser als «Verbitterung, Desillusionierung und Menschenfeindlichkeit» (ebd.) ist eine solche tolerierende (oder sogar tolerante) Haltung allemal.

Zusammenfassend geht es Hollingworth darum, dass auch extrem von der intellektuellen Norm abweichende Kinder zu glücklichen Menschen heranwachsen können – und sollen. Zu den Höchstbegabten zu gehören, prädestiniert keineswegs zum Unglücklichsein: Sowohl ein wohlwollendes und unterstützendes Umfeld als auch die reichen Ressourcen, die die Höchstbegabten selbst mitbringen, können dazu beitragen, dass diese außergewöhnlichen Menschen ihren Platz in der Gesellschaft finden.

Julian C. Stanleys Study of Mathematically Precocious Youth (SMPY) (1971 bis heute)

Inspiriert durch Hollingworths Ansatz des «above-level testing» nutzte auch die *Study of Mathematically Precocious Youth* Testverfahren, die eigentlich für deutlich Ältere gedacht waren, um junge Talente zu finden. Insgesamt vier Gruppen Jugendlicher der 7. und 8. Klassenstufe wurden von den «Talentsuchern» der SMPY mit einem Studierfähigkeitstest getestet, der logisches Schlussfolgern im mathematischen und sprachlichen Bereich erfasst. Aufgenommen wurden die jeweils besten 1 bis 0,01 Prozent einer Gruppe (Lubinski & Benbow, 2006), deren Entwicklung längsschnittlich bis ins hohe Rentenalter (88 Jahre) nachverfolgt werden soll. Das Besondere an der SMPY ist, dass sie Talentsuche mit Förderung verbindet; denn von Anfang an war es recht eindeutig, dass diese begabten Jugendlichen im Regelschulsystem unterfordert waren. Das Förderprogramm, eine Kombination aus Akzeleration, Enrichment und begabungsspezifischer Gruppierung (vgl. Kapitel 4), ist weltweit auf Resonanz gestoßen (Brody, 2009).

Einer der interessantesten Befunde ist vermutlich, dass es selbst in diesem höchsten Fähigkeitsbereich noch Unterschiede in Begabung und Interesse gibt (vgl. Kapitel 3), die über Jahre und Jahrzehnte hinweg Auswirkungen auf berufliche Entscheidungen und Erfolg haben. Darüber hinaus hat das inzwischen vielfach adaptierte Förderprogramm gezeigt, dass diese begabte Gruppe von dem höheren Lerntempo auch langfristig sehr profitiert. Neuere Befunde der SMPY belegen außerdem, wie wichtig figurale Fähigkeiten bei der Identifikation Hochbegabter sind. Die weitere Erforschung dieses Bereichs, der trotz seiner Bedeutung für die MINT-Fächer im Vergleich zu «schulnäheren» Fähigkeiten wie mathematischer oder sprachlicher Begabung bislang stark vernachlässigt wurde, wird voraussichtlich dazu beitragen, auch im Schulalltag nur allzu oft übersehene Talente zu entdecken und zu fördern.

Hochbegabtenforschung und -förderung in Deutschland

William Stern und die Hochbefähigtenauslese

Begabungs- und Begabtenforschung war ein wichtiges Thema für den deutschen Psychologen William Stern (1871–1939) – aber bei weitem nicht das einzige, das diesen vielseitigen Wissenschaftler beschäftigte. Stern gilt als Mitbegründer der Differentiellen Psychologie, und auch die extremen Unterschiede zwischen Menschen interessierten ihn schon früh: Sein Aufsatz «Das übernormale Kind» erschien 1910. Zwei Jahre später schlug er eine Formel zur Berechnung des IQ als Quotient zwischen Intelligenz- und Lebensalter, multipliziert mit 100, vor. Dabei war Stern weit entfernt davon, den IQ als hinreichendes Maß für besondere Begabung zu verstehen; entsprechend war er alles andere als glücklich darüber, wie diese Formel später (unter anderem von Terman) dazu genutzt wurde, um die Komplexität menschlicher Fähigkeiten auf eine Zahl zu reduzieren. Im Gegenteil propagierte er eine Identifikationsstrategie, die mehrere Dimensionen integriert: Dem Lehrerurteil kommt eine zentrale Rolle zu; wo dieses jedoch versagt, setzt die wissenschaftliche Begabungspsychologie ein, die die Einschätzung der Lehrkräfte mittels Tests und Psychographie (eine Art Portfolio der Schülerleistungen, das explizit außerhalb des Schulkontexts entstandene Ausdrucksweisen der von Stern so bezeichneten «spontanen Intelligenz» dokumentieren soll, um ein vollständiges und abgerundetes Bild der Schülerpersönlichkeit zu erhalten) ergänzen, wenn nicht korrigieren kann. Der IQ-Test als «unvollkommene geistige Schnellphotographie» (Stern, 1916, S. 118) bietet dabei insbesondere in Form von Massentestungen (ähnlich den medizinischen Schüleruntersuchungen) die Möglichkeit, in einem ersten groben Schritt der Begabtenidentifikation möglichst kein Potenzial zu übersehen, um diese Einschätzung in den darauffolgenden Schritten zu überprüfen und zu verfeinern – ein Vorgehen, das in seinen Grundzügen bis heute angewandt wird.

Was bei Stern beeindruckt: Er hatte nicht nur zukunftsweisende Ideen, sondern setzte sie auch um. Und er war in der Lage, die verschiedenen Interessenvertreter von seinen Ideen zu überzeugen und zu begeistern. Sein Institut galt in Hamburg als die Anlaufstelle für Fragen der «Hochbefähigtenauslese», etwa für die neu eingeführte gehobene Volksschule mit Fremdsprachenzug. In den Jahren 1918 und 1919 überprüften Stern und seine Mitarbeiter insgesamt 3013 vorausgewählte Kinder mittels umfangreicher Testverfahren.

Die nationalsozialistische Machtübernahme 1933 beendete die Erfolge dieses Ausnahmewissenschaftlers, dem der Spagat zwischen wissenschaftlicher Anerkennung und Popularität in der Öffentlichkeit gelungen war wie kaum jemandem vor oder nach ihm. Bereits am 1. August 1933 verboten die Nazis ihm, einem der Mitgründer der Hamburger Universität, sein Institut zu betreten. Während Stern stets die Balance zwischen Verpflichtung der Gesellschaft gegenüber den Hochbegabten im Hinblick auf ihre begabungsgerechte Förderung, aber auch die Verpflichtung der Hochbegabten gegenüber der Gesellschaft betont hatte, ist der Fokus der nationalsozialistischen Ideologie ganz anders gelagert – sie soll an dieser Stelle skizziert werden: Der Psychologe und Pädagoge Adolf Busemann betont vor allem die Gefahren des Aufstiegs der Begabten für Individuum und Volk – und liefert auch den passenden Einzelfall dazu: «Aufstieg in eine höhere gesellschaftliche Schicht bedeutet unter

Umständen für den Beglückten selbst bedauernswerte *gesellschaftliche Isolierung*, für die Gesellschaft Zerstörung vorhandenen Zusammenhangs» (Busemann, 1933, S. 261; Hervorhebung im Original). «[D]aß viele komplizierte, problematische Naturen beim Aufstieg scheitern, daß eine primitive Lebensbejahung [sic!], Illusionsfähigkeit [sic!] und vitale Zähigkeit dagegen den Aufstieg begünstig[en]» (ebd., S. 265), zeugt für ihn davon, dass intellektuelle Fähigkeiten bei der Aufstiegsfrage bislang überschätzt wurden: «Naive Selbstsicherheit ist fast noch notwendiger als Verstandeskraft» (ebd.).

William Stern starb 1938 im Exil; viele der Schätze, die sein Werk (nicht nur) im Hinblick auf die Begabungsforschung und -förderung zu bieten hat, sind bis heute noch ungehoben. 1985 wurde an der Hamburger Universität die nach ihm benannte William-Stern-Gesellschaft für Begabungsforschung und Begabtenförderung gegründet; darüber hinaus ist überraschend wenig von ihm geblieben. Wie seine wissenschaftliche Rezeption ohne den Nationalsozialismus verlaufen wäre – darüber lässt sich nur spekulieren.

Hochbegabtenforschung und -förderung in der DDR (1949–1989)

Auf den ersten Blick mag es erstaunen, dass es in einem an Gleichheit orientierten sozialistischen Staat wie der Deutschen Demokratischen Republik überhaupt so etwas wie Begabtenförderung gegeben hat. Dahinter steckte die ideologische Überzeugung, dass jemand, dem das staatliche Bildungssystem Gelegenheit zum Lernen, zur Verfolgung seiner Interessen und somit letzten Endes zu seiner Selbstverwirklichung gibt, auch Erfüllung darin finden wird, seine Begabung für die Gesellschaft einzusetzen – «individuelle und gesellschaftliche Interessen werden letztlich identisch sein» (Hilgendorf, 1984, S. 2). Neben dem ökonomischen Nutzen und der damit einhergehenden Erhöhung der Produktivität waren leistungsstarke Hochbegabte auch ein Aushängeschild für den sozialistischen Staat, dessen historische Überlegenheit offiziell nicht in Frage gestellt wurde; der demonstrative Stolz auf die sportlichen Leistungen der DDR-Kader (analog in der damaligen UdSSR zu beobachten) sind wohl das bekannteste Beispiel für Überlegenheitsgesten gegenüber den westlichen Staaten.

Nicht allein individuelles Interesse und Begabung gaben jedoch den Ausschlag für die Auswahl von Vertiefungsbereichen: Neben der Systemtreue der Kandidatinnen und Kandidaten (und ihrer Familien) war insbesondere die wirtschaftliche Relevanz des Fachgebiets ein Kriterium, in der Regel in schulnahen Bereichen, für die ein hoch selektives Spezialschul- und Spezialklassensystem eingerichtet wurde. Der Beschluss, die ersten sieben technischen Spezialklassen einzurichten, wurde bereits 1963 auf dem VI. Parteitag der SED verabschiedet. Hilgendorf (1984) umschreibt die Begabtenförderung der DDR als «Allgemeinförderungs – Auslese – Spezialförderungs – System» [sic!]. Der generelle Pflichtunterricht war auf breite Allgemeinbildung angelegt. Lehrkräfte sollten bereits auf dieser Stufe auf besondere Begabungen achten; durch Binnendifferenzierungsmaßnahmen konnten sie ihre Vermutungen überprüfen und Schüler und Schülerinnen individuell fördern. Darüber hinaus gab es schulische Zusatzangebote (AGs, schulinterne Wettbewerbe oder Zusatzunterricht, teilweise mit Teilnahmequoten von über zwei Dritteln aller Schülerinnen und Schüler); auf der höchsten Ebene konnten Schülerinnen und Schüler nach Empfehlung für regionale und überregionale Maßnahmen (Spezialschulen und -klassen, universitäre Förderzirkel, wissenschaftliche Schülergesellschaften, Schülerakademien etc.) durch Aufnahmekommissionen ausgewählt werden. Das einheitliche Bildungs- und Fördersystem war also gut aufeinander abgestimmt.

Insgesamt galt für die Förderung sowohl von akademischer als auch von sportlicher oder musischer Begabung, dass etwa 5 Prozent eines Jahrgangs «mehr» brauchen, als ihnen der normale Unterricht bieten kann; und ungefähr dieser Prozentsatz erfuhr auch entsprechende Förderung (Hilgendorf, 1985). Erfüllt haben die Spezialklassen die Erwartungen jedoch weder in Qualität noch in Quantität noch in beidem (Hilgendorf, 1984, S. 12). Da «Linientreue» bei der Auswahl der Begabten eine wichtige Rolle spielte, ist nicht auszuschließen, dass eine Überbewertung dieses Kriteriums möglicherweise eine Selektion weniger Kandidaten begünstigte, sodass die Fördermaßnahmen letztlich weniger erfolgreich waren, als sie vielleicht hätten sein können.

Diese «Krise» führte Anfang der 1980er Jahre zu einem Aufleben der Debatte um explizite pädagogische Grundsätze und Konzeptionen der Begabtenförderung. In diese Zeit fallen auch die ersten systematischen Forschungsaktivitäten – ähnlich wie auch in der Bundesrepublik. Die VI. Konferenz des *World Council for Gifted and Talented Children*, die 1985 in Hamburg stattfand, gab dann in beiden Teilen Deutschlands wichtige Impulse für die Begabtenforschung und -förderung.

Besondere Erwähnung verdient das Konzept von Hans-Georg Mehlhorn, der sich bereits in den 1970er Jahren am Leipziger Zentralinstitut für Jugendforschung mit der wissenschaftlichen Beforschung Hochbegabter und der Evaluation von Fördermaßnahmen befasste. In den 1980er Jahren entwickelte er dann sein eigenes Begabtenförderkonzept, das speziell auf die Entfaltung kreativer Fähigkeiten ausgerichtet war (Mehlhorn, 2008). Der erste längsschnittlich angelegte Modellversuch wurde 1987 initiiert; seit 2007 laufen Nachfolgeuntersuchungen der damaligen Kinder. Heute gibt es in insgesamt sieben ostdeutschen Städten Kindertagesstätten, Kindergärten und Schulen, die nach Mehlhorns BIP-Konzept (Begabung – Intelligenz – Persönlichkeit) arbeiten.

Das Marburger Hochbegabtenprojekt (1983 bis heute)

Das Marburger Hochbegabtenprojekt wurde 1983 von dem deutsche Psychologen Detlef H. Rost initiiert; im Schuljahr 1987/88 wurden erstmals 7289 Drittklässler aus neun der damals elf Bundesländer getestet. Mit Ausnahme von Kindern mit gesondertem Beschulungsbedarf werden in der Grundschule noch Kinder aller Begabungsniveaus zusammen unterrichtet. Insofern ist diese Altersstufe besonders geeignet, wenn man *unausgelesene* Hochbegabtenstichproben untersuchen und so das weiter oben skizzierte Problem nichtrepräsentativer Gelegenheitsstichproben aus Hochbegabtenvereinen oder Beratungsstellen vermeiden will.

Als «hochbegabt» wurden in der Studie die Kinder klassifiziert, die einen IQ von mindestens 130 hatten (berechnet aus einer gewichteten Kombination von insgesamt drei Testwerten). Jedem hochbegabten Kind wurde ein durchschnittlich begabtes Kind zugeordnet, das das gleiche Geschlecht und einen möglichst ähnlichen sozioökonomischen Status hatte und die gleiche Klasse besuchte; diese sogenannte *Parallelisierung* gelang für 136 der 151 Hochbegabten. In Nachfolgeuntersuchungen wurden diese beiden Gruppen durch Teilstichproben aus «Hochleistern» (deren IQ unter 130 lag, um die Ergebnisse nicht zu verfälschen) und «durchschnittlich Leistenden» ergänzt. Somit ergaben sich insgesamt vier Vergleichsgruppen, die mittels Selbstbericht und Fremdeinschätzung durch Eltern und Lehrkräfte hinsichtlich einer Vielzahl von Merkmalen untersucht wurden (vgl. auch Kapitel 3). Insgesamt legen die Ergebnisse den Schluss nahe, dass Hochbegabte gar nicht so anders sind als alle anderen – abgesehen von ihrer Intelligenz und damit zusammenhängenden Faktoren (vgl. Rost, 1993, 2009).

5.3 Hochbegabung – keine Modeerscheinung

Wenn man sich anschaut, wie lange das Thema Hochbegabung die Menschheit schon beschäftigt, liegt eigentlich nichts ferner, als die Beschäftigung mit dem Phänomen und seiner kontinuierlichen «Konstruktion, Dekonstruktion und Rekonstruktion» (Dai, 2009) als Modeerscheinung abzutun. Hochbegabung ist relevant: nicht nur als wirtschaftliche Ressource, sondern auch aus einem ethisch-kulturellen Selbstverständnis heraus, das der ganzheitlichen Persönlichkeitsentwicklung und dem individuellen Lebensglück einen hohen Stellenwert beimisst.

Was sich über die Zeit verändert, sind die Schwerpunkte der Forschung und Förderung. Gesellschaftliche Wertvorstellungen wandeln sich, und die Kriterien zur Verteilung der in der Regel begrenzten finanziellen und zeitlichen Ressourcen spiegeln diese Veränderungsprozesse wider. Besonders deutlich wird dies in dem Bruch, der mit dem Dritten Reich eintrat; es hat einige Zeit gedauert, bis sich die deutschsprachige Begabungsforschung davon wieder erholt hatte. Jede Gesellschaft, jede Epoche konstruiert den Begabungsbegriff neu. Darüber hinaus ist Hochbegabung jedoch immer auch ein politischer Begriff. Deshalb möchten wir zum Abschluss einige Fragen zu den politischen Implikationen dieser Spannungsfelder aufwerfen und unsere (aktuellen) Gedanken dazu vorstellen.

Förderung der Schwachen oder der Starken? Hochbegabtenförderung gerät schnell in den Verdacht des Elitismus, des «Etwas-Besseres-sein-Wollens». Unterschiedliche Begabung impliziert jedoch keine unterschiedliche Wertigkeit, sondern lediglich abweichende Lernmöglichkeiten und -bedürfnisse. In einem Bildungssystem, das auf Extreme in jeglicher Richtung nur bedingt eingestellt ist (die Orientierung am Durchschnitt macht es immerhin wahrscheinlich, dass ein Großteil der Lernbedürfnisse damit abgedeckt werden kann), kommen wir jedoch nicht umhin, auch auf das einzugehen, was diejenigen brauchen, die sich vom Mittelwert deutlich abheben, egal, in welche Richtung. Begabtenförderung ist also eine Frage der Gerechtigkeit und somit ebenso notwendig wie die Förderung Schwächerer.

Welche Verantwortung hat die Umwelt, welche das Individuum selbst bei der Entwicklung von Begabung? Diese Frage könnte in Anlehnung an die Diskussion um den «Aufstieg der Begabten» auch «Wer darf nach oben?» lauten. Dem liegt zugrunde, wie man Begabung konzipiert: als angeborene Fähigkeit, die sich auch gegen jegliche Widerstände durchsetzt, oder als völlig von Umwelteinflüssen abhängig, wie in Kapitel 1 skizziert? Eine interaktionistische Perspektive, bei der Personen- und Umweltmerkmale so zusammenwirken, dass Letztere die Entfaltung von Potenzial fördern oder hemmen können, ist in Anbetracht der empirischen Befundlage wohl eine angemessene Annahme (und die Frage, welcher Anteil der Begabung angeboren oder erworben ist, damit möglicherweise auch weniger wichtig als im öffentlichen Diskurs dargestellt).

An dieser Stelle sei noch einmal William Stern erwähnt, der sich ja mit genau dieser Frage intensiv befasst hat und dessen

Gedanken dazu auch heute noch nicht an Aktualität verloren haben. Er beobachtete, dass hohe Begabung durch alle Schichten vorkommt; insbesondere den hochintelligenten Kindern aus der Unterschicht attestiert er, sie seien «dazu berufen, den [...] Aufstieg [...] in die höheren Kulturschichten zu vollziehen, und *hierzu muss ihnen pädagogisch jeder Weg geebnet werden*» (Stern, 1916, S. 112; Hervorhebung durch die Verfasserinnen). Umgekehrt sieht er in der Willensbegabung die zentrale Voraussetzung für die Umsetzung von Potenzial: «[M]an kennt die verbummelten Talente, die ein parasitäres Dasein führen, die skrupellosen Begabten, die ihre Fähigkeiten zwar ausbilden und benutzen, aber nur für egoistische Zwecke, die Größenwahnsinnigen, die sich im Glanz ihrer Gaben bespiegeln, aber *nicht den kategorischen Imperativ empfinden, der ihnen damit auferlegt ist*» (ebd., S. 111). Vielleicht könnte man es so fassen: Durch gesellschaftliche Rahmenbedingungen können Möglichkeiten aufgezeigt werden; nutzen muss diese jedoch jeder Mensch selbst. Wenngleich die Verantwortung für eigene Entscheidungen im Laufe eines Lebens mehr und mehr auf das Individuum übergeht, darf darüber nicht vergessen werden, dass der Zusammenhang zwischen Lebensalter und Talententfaltung nicht perfekt ist, wie die «late bloomers» zeigen. Im Einzelfall ist womöglich etwas mehr Großzügigkeit und Offenheit für alternative Entwicklungspfade der menschlichere Weg, als denjenigen, die ohnehin schon nicht die besten Chancen hatten, dafür noch die Schuld zu geben.

Inwieweit ist das Individuum verpflichtet, seine Begabung in die Gesellschaft einzubringen? «Begabung ist kein Verdienst, sondern eine Verpflichtung», so formuliert es Stern (1916, S. 111; Hervorhebung im Original). Wie viel darf die Gesellschaft jedoch von ihren Hochbegabten erwarten? Die Haltung, dass Hochbegabte ihre Begabungen einbringen *müssen*, ist mit unserer freiheitlich-demokratischen Grundordnung nicht vereinbar (und wäre überdies auch kaum realisierbar); das hat das Kapitel Begabtenförderung in der DDR gezeigt. Man könnte es auch andersherum formulieren: Soziale Verantwortung trägt jeder. Eine einseitige Verschiebung auf wenige könnte man auch als Diskriminierung oder Abwertung vieler verstehen – und gerade darum soll und darf es beim Thema Hochbegabung nicht gehen.

Anmerkungen

1 Interessanterweise muss der jeweilige Zusammenhang durchaus nicht für alle Menschen gleich sein. So korrespondieren Intelligenzunterschiede bei Kindern aus höheren sozialen Schichten eher mit deren Erbanlagen, während bei Kindern aus niedrigeren sozialen Schichten Umwelteinflüsse die bessere Erklärung für deren Intelligenzunterschiede liefern (Turkheimer, Haley, Waldron, D'Onofrio & Gottesman, 2003).

2 Bei solchen und ähnlichen Auflistungen ‹charakteristischer› Verhaltensweisen und Fähigkeiten muss man unbedingt beachten, dass keins dieser Merkmale an sich für eine Diagnose ausreicht. Sie können allenfalls Hinweise geben, ersetzen aber keineswegs eine professionelle Diagnostik – vgl. hierzu das Kapitel «Checklisten».

3 Immerhin hält er es für wahrscheinlich, dass die meisten Frauen dieser Männer auch nicht dumm waren.

4 Es ist ein Treppenwitz der Geschichte, dass zwei spätere Nobelpreisträger – William Shockley und Luis Alvarez – das IQ-Kriterium verfehlten, während keiner der «Termiten» einen solchen Preis erhielt.

5 Abgesehen von der praktischen Unmöglichkeit wäre eine abweichungsbasierte Messung selbst bei einer weltweiten Vollerhebung nicht zu realisieren gewesen – die Weltbevölkerung hatte im Jahr 1927 eben die Zwei-Milliarden-Marke überschritten. Hollingworth selbst schätzt die Quote der Kinder mit einem IQ von 180 und darüber mit 1 bis 3 : 1 000 000 etwas höher ein, aber immer noch als «extrem selten» (Hollingworth, 1942, S. 24).

Literatur

Ackerman, P. L. & Heggestad, E. D. (1997). Intelligence, personality, and interests: Evidence for overlapping traits. *Psychological Bulletin, 121*, 219–245.

Archambault, F. X. Jr., Westberg, K. L., Brown, S. W., Hallmark, B. W., Emmons, C. L. & Zhang, W. (1993). *Regular classroom practices with gifted students: Results of a national survey of classroom teachers.* Storrs: National Research Center on the Gifted and Talented, University of Connecticut.

Aron, E. N. & Aron, A. (1997). Sensory-processing sensitivity and its relation to introversion and emotionality. *Journal of Personality and Social Psychology, 73*, 345–368.

Arnold, D. & Preckel, F. (2011). *Hochbegabte Kinder klug begleiten: Ein Handbuch für Eltern.* Weinheim: Beltz.

Assouline, S. G., Colangelo, N., Ihrig, D. & Forstadt, L. (2006). Attributional choices for academic success and failure by intellectually gifted students. *Gifted Child Quarterly, 50*, 283–294.

Baudson, T. G. (2010a). Nominationen von Schülerinnen und Schülern für Begabtenfördermaßnahmen. In F. Preckel, W. Schneider & H. Holling (Hrsg.), *Diagnostik von Hochbegabung* (S. 89–117). Göttingen: Hogrefe.

Baudson, T. G. (2010b). Hochbegabung und Asperger-Autismus. In C. Koop, I. Schenker, G. Müller, S. Welzien & Karg-Stiftung (Hrsg.), *Begabung wagen* (S. 237–243). Weimar: das netz.

Baudson, T. G. & Preckel, F. (2012a). Development and validation of the German Test for (Highly) Intelligent Kids – T(H)INK. *European Journal of Psychological Assessment.* Online verfügbar seit April 2012. doi: 10.1027/1015-5759/a000142.

Baudson, T. G. & Preckel, F. (2012b). Teachers' implicit personality theories about the gifted: An experimental approach. *School Psychology Quarterly, 28*, 37–46.

Baumann, N., Gebker, S. & Kuhl, J. (2010). Hochbegabung und Selbststeuerung: Ein Schlüssel für die Umsetzung von Begabung in Leistung. In F. Preckel, W. Schneider & H. Holling (Hrsg.), *Diagnostik von Hochbegabung* (S. 141–167). Göttingen: Hogrefe.

Bloom, B. S. (1985). Generalisations about talent development. In B. S. Bloom & L. A. Sosniak (Eds.), *Developing talent in young people* (pp. 507–579). New York: Ballantine Books.

Brandtstädter, J. (2007). Konzepte positiver Entwicklung. In J. Brandtstädter & U. Lindenberger (Hrsg.), *Entwicklungspsychologie der Lebensspanne. Ein Lehrbuch* (S. 681–723). Stuttgart: Kohlhammer.

Brody, L. (2009). The Johns Hopkins talent search model for identifying and developing exceptional mathematical and verbal abilities. In L. Shavinina (Hrsg.), *International handbook on giftedness* (S. 999–1016). New York: Springer.

Brody, L. E. & Mills, C. J. (1997). Gifted children with learning disabilities: A review of the issues. *Journal of Learning Disabilities, 30*, 282–286.

Busemann, A. (1933). Die Frage des Aufstiegs der Begabten in neuer Sicht. *Zeitschrift für Pädagogische Psychologie und Jugendkunde, 34*, 259–265.

Cattell, R. B. (1987). *Intelligence: Its structure, growth, and action*. New York: Elsevier Science.

Ceci, S. J. & Williams, W. M. (1997). Schooling, intelligence and income. *American Psychologist, 52*, 1051–1058.

Clasen, D. R. & Clasen, R. E. (2003). Mentoring the gifted and talented. In N. Colangelo & G. A. Davis (Eds.) (2003), *Handbook of gifted education* (3rd ed., pp. 254–267). Boston: Allyn & Bacon.

Coleman, L. J. & Cross, T. L. (2000). Social-emotional development and the personal experience of giftedness. In K. A. Heller, F. J. Mönks, R. J. Sternberg & R. F. Subotnik (Eds.), *International handbook of giftedness and talent* (2nd ed., pp. 203–212) Kidlington: Elsevier.

Coleman, L. J. & Cross, T. L. (2005). *Being gifted in school: An introduction to development, guidance, and teaching*. Waco: Prufrock Press.

Craven, R. G., Marsh, H. W. & Print, M. (2000). Gifted, streamed, and mixed-ability programs for gifted students: Impact on self-concept, motivation, and achievement. *Australian Journal of Education, 44*, 51–75.

Cropley, A. J. (2000). Defining and measuring creativity: Are creativity tests worth using? *Roeper Review, 23*, 72–79.

Dąbrowski, K. (1964). *Positive Disintegration*. Boston: Little Brown.

Dai, D. Y. (2009). Essential tensions surrounding the concept of giftedness. In L. V. Shavinina (Hrsg.), *International handbook on giftedness* (S. 39–80). New York: Springer.

Dai, D. Y. (2010). *The nature and nurture of giftedness: A new framework for understanding gifted education*. New York: Columbia University Teachers College Press.

Davis, G. A. (2003). Identifying creative students, teaching for creative growth. In N. Colangelo & G. A. Davis (Eds.), *Handbook of gifted education* (3rd ed., pp. 311–323). Boston: Allyn & Bacon.

DeYoung, C. G. (2011). Intelligence and personality. In R. J. Sternberg & S. B. Kaufman (Hrsg.), *The Cambridge handbook of intelligence* (S. 711–737). Cambridge: Cambridge University Press.

DuBois, D. L., Portillo, N., Rhodes, J. E., Silverthorn, N. & Valentine, J. C. (2011). How effective are mentoring programs for youth? A systematic assessment of the evidence. *Psychological Science in the Public Interest, 12*, 57–91.

Ericsson, K. A. (1996). *The road to excellence – the acquisition of expert performance in the arts and sciences, sports and games*. Mahwah: Erlbaum.

Ericsson, K. A. & Charness, N. (1994). Expert performance: Its structure and acquisition. *American Psychologist, 49*, 725–747.

Fels, C. (1999). *Identifizierung und Förderung Hochbegabter in den Schulen der Bundesrepublik Deutschland*. Bern: Haupt.

Finsterwald, M. & Ziegler, A. (2002). Geschlechtsunterschiede in der Motivation: Ist die Situation bei normal begabten und hoch begabten Schüler(inne)n gleich? In H. Wagner (Hrsg.), *Hoch begabte Mädchen und Frauen* (S. 67–83). Bad Honnef: Bock.

Freund, P. A. & Kasten, N. (2012). How smart do you think you are? A meta-analysis on the validity of self-estimates of cognitive ability. *Psychological Bulletin, 138*, 296–321.

Freund-Braier, I. (2009). Persönlichkeitsmerkmale. In D.H. Rost (Hrsg.), *Hochbegabte und hochleistende Jugendliche* (2., erw. Aufl., S. 161–210). Münster: Waxmann.

Gagné, F. (2004). Transforming gifts into talents: the DMGT as a developmental theory. *High Ability Studies, 15*, 119–147.

Gagné, F. & Gagnier, N. (2004). The socio-affective academic impact of early entrance to school. *Roeper Review, 26*, 128–138.

Galton, F. (1869/1892). *Hereditary Genius*. London: Macmillan.

Gottfried, A. E. & Gottfried, A. W. (2009). Development of gifted motivation: Longitudinal research and applications. In L. Shavinina (Hrsg.), *International handbook on giftedness* (S. 617–631). New York: Springer.

Gottlieb, G. (1992). *Individual development and evolution: The genesis of novel behavior*. New York: Oxford University Press.

Grosch, C. (2011). *Langfristige Wirkungen der Begabtenförderung*. Münster: Lit.

Gross, M. U. M. (2004). *Exceptionally gifted children* (2nd ed.). London: Routledge-Falmer.

Gross, M. U. M. (2009). Highly gifted young people: Development from childhood to adulthood. In L. Shavinina (Ed.), *International handbook on giftedness* (pp. 337–352). New York: Springer.

Grossberg, I. & Cornell, D. (1988). The relationship between personality adjustment and high intelligence: Terman versus Hollingworth. *Exceptional Children, 55*, 266–272.

Guilford, J. P. (1950). Creativity. *American Psychologist, 5*, 444–454.

Hanses, P. & Rost, D. H. (1998). Das «Drama» der hochbegabten Underachiever – «Gewöhnliche» oder «außergewöhnliche» Underachiever? *Zeitschrift für Pädagogische Psychologie, 12*, 53–71.

Hartmann, M. & Kopp, J. (2001). Elitenselektion durch Bildung oder durch Herkunft? Promotion, soziale Herkunft und der Zugang zu Führungspositionen in der deutschen Wirtschaft. *Kölner Zeitschrift für Soziologie und Sozialpsychologie, 53*, 436–466.

Hattie, J. (2009). *Visible learning. A synthesis of over 800 meta-analyses relating to achievement*. London: Routledge.

Heinbokel, A. (1988). *Hochbegabte: Erkennen, Probleme, Lösungswege*. Baden-Baden: Nomos.

Heinbokel, A. (1996). *Überspringen von Klassen*. Münster: Lit-Verlag.

Heller, K. A. & Neber, H. (1994). *Evaluationsstudie zu den Schülerakademien 1993. Endbericht*. Universität München, Institut für Pädagogische Psychologie und Psychologische Diagnostik.

Heng, M. A. (2003). Beyond school: In search of meaning. In J. H. Borland (Ed.), *Rethinking gifted education* (pp. 46–60). New York: Teachers College Press.

Hilgendorf, E. (1984). *Die Förderung besonders befähigter Schüler in der Deutschen Demokratischen Republik*. Berlin: Pädagogisches Zentrum.

Hilgendorf, E. (1985). *Gemeinsamkeiten und Unterschiede der schulischen Hochbefähigtenförderung in sechs Ländern: Bedenkenswertes für die Bundesrepublik Deutschland*. Berlin: Pädagogisches Zentrum.

Hoberg, K. & Rost, D. H. (2009). Interessen. In D. H. Rost (Hrsg.), *Hochbegabte und hochleistende Jugendliche* (2., erw. Aufl., S. 339–365). Münster: Waxmann.

Hoekman, K., McCormick, J. and Gross, M. U. M. (1999). The optimal context for gifted students: A preliminary exploration of motivational and affective considerations, *Gifted Child Quarterly, 43*, 170–193.

Hollingworth, L. S. (1942). *Children above 180 IQ (Stanford-Binet): Origin and development.* Yonkers-on-Hudson, NY: World Book Company.

Jefferson, T. (1785). *Notes on the State of Virginia.* Online unter: http://etext.virginia.edu/toc/modeng/public/JefVirg.html

Kolassa, I.-T. & Elbert, T. (2007). Structural and functional neuroplasticity in relation to traumatic stress. *Current Directions in Psychological Science, 16*, 321–325.

Koop, C., Schenker, I., Müller, G., Welzien, S. & Karg-Stiftung (2010). *Begabung wagen. Ein Handbuch für den Umgang mit Hochbegabung in Kindertagesstätten.* Weimar: das netz.

Kulik, J. A. (2004). Meta-analytic studies of acceleration. In N. Colangelo, S. G. Assouline & M. U. M. Gross (Eds.), *A nation deceived: How schools hold back America's brightest students* (pp. 13–22). The Templeton National Report on Acceleration. Iowa City: University of Iowa.

Kulik, J. A. & Kulik, C.-L. (1992). Meta-analytic findings on grouping programs. *Gifted Child Quarterly, 36*, 73–77.

Kulik, J. A. & Kulik, C.-L. (1997). Ability grouping. In N. Colangelo & G. A. Davis (Eds.), *Handbook of gifted education* (pp. 230–242). Boston: Allyn & Bacon.

Leikas, S., Mäkinen, S., Lönnqvist, J.-E. & Verkasalo, M. (2009). Cognitive ability × emotional stability interactions on adjustment. *European Journal of Personality, 23*, 329–342.

Lipsey, M. W. & Wilson, D. B. (1993). The efficacy of psychological, educational, and behavioral treatment. *American Psychologist, 48*, 1181–1209.

Lohman, D. F. (2005). The role of non-verbal ability tests in identifying academically gifted students: An aptitude perspective. *Gifted Child Quarterly*, 49, 11[illegible]–138.

Lovecky, D. V. (2004). *Different minds. Gifted children with AD/HD, Asperger syndrome, and other learning deficits.* London: Jessica Kingsley Publishers.

Lubinski, D. & Benbow, C. P. (2006). Study of Mathematically Precocious Youth after 35 years: Uncovering antecedents for the development of math-science expertise. *Perspectives on Psychological Science, 1*, 316–345.

Lubinski, D., Benbow, C. P. & Ryan, J. (1995). Stability of vocational interests among the intellectually gifted from adolescence to adulthood: A 15-year longitudinal study. *Journal of Applied Psychology, 80*, 196–200.

Lubinski, D., Webb, R. M., Morelock, M. J. & Benbow, C. P. (2001). Top 1 in 10,000: A 10-year follow up of the profoundly gifted. *Journal of Applied Psychology, 86*, 718–729.

Mandell, D. S., Thompson, W. W., Weintraub, E. S., DeStefano, F. & Blank, M. B (2005). Trends in diagnosis rates for autism and ADHD at hospital discharge in the context of other psychiatric diagnoses. *Psychiatric Services, 56*, 56–62.

McCall, R. B., Evahn, C. & Kratzer, L. (1992). *High school underachievers.* Newbury Park: Sage.

McCoach, D. B. & Siegle, D. (2003). Factors that differentiate underachieving gifted students from high-achieving gifted students. *Gifted Child Quarterly,* 47, 144–154.

McGrew, K. S. (2009). CHC theory and the human cognitive abilities project: Standing on the shoulders of the giants of psychometric intelligence research. *Intelligence, 37*, 1–10.

Mehlhorn, H.-G. (2008). Pädagogik der Kreativität – Kreativitätspädagogik. In M. Dresler & T. G. Baudson (Hrsg.), *Kreativität. Beiträge aus den Natur- und Geisteswissenschaften* (S. 64–76). Stuttgart: Hirzel.

Mendaglio, S. (2010). Overexcitabilities und Dabrowskis Theorie der Positiven Desintegration. In F. Preckel, W. Schneider & H. Holling (Hrsg.), *Diagnostik von Hochbegabung* (S. 169–195). Göttingen: Hogrefe.

Neber, H. & Heller, K. A. (1997). *Deutsche SchülerAkademie. Ergebnisse der wissenschaftlichen Begleitforschung. Endbericht an das Bundesministerium für Bildung, Wissenschaft, Forschung und Technologie.* Universität München, Institut für Psychologische Diagnostik und Evaluation.

Neber, H. & Heller, K. A. (2002). Evaluation of a summer-school program for highly gifted secondary-school students: The German Pupils Academy. *European Journal of Psychological Assessment, 18*, 214–228.

Neihart, M. (2006). Affiliation/achievement conflicts in gifted adolescents. *Roeper Review, 28*, 196–202.

Oden, M. H. (1968). The fulfillment of promise: 40-year follow-up of the Terman gifted group. *Genetic Psychology Monographs, 77*, 3–93.

Papoulia, B. D. (1963). *Ursprung und Wesen der «Knabenlese» im Osmanischen Reich.* München: Oldenbourg.

Perleth, C. (2010). Checklisten in der Hochbegabungsdiagnostik. In F. Preckel, W. Schneider & H. Holling (Hrsg.), *Diagnostik von Hochbegabung* (S. 65–87). Göttingen: Hogrefe.

Preckel, F. & Brüll, M. (2008). *Intelligenztests.* München: Ernst Reinhardt.

Preckel, F. & Brüll, M. (2010). The benefit of being a big fish in a big pond: Contrast and assimilation effects on academic self-concept. *Learning and Individual Differences, 20*, 522–531.

Preckel, F. & Eckelmann, C. (2008). Beratung bei (vermuteter) Hochbegabung: Was sind die Anlässe und wie hängen sie mit Geschlecht, Ausbildungsstufe und Hochbegabung zusammen? *Psychologie in Erziehung und Unterricht, 55*, 16–26.

Preckel, F., Götz, T., Pekrun, R. & Kleine, M. (2008). Gender differences in gifted and average-ability students: Comparing girls' and boys' achievement, self-concept, interest, and motivation in mathematics. *Gifted Child Quarterly, 52*, 146–159.

Preckel, F. & Vock, M. (2013). *Hochbegabung: Ein Lehrbuch zu Grundlagen, Diagnose und Fördermöglichkeiten.* Göttingen: Hogrefe.

Reilly, J. J. & Welch, D. B. (1994–1995). Mentoring gifted young women: A call to action. *Journal of Secondary Gifted Education, 6*, 120–128.

Reis, S. M. (2002). Social and emotional issues faced by gifted girls in elementary and secondary school. *The SENG Newsletter, 2*, 1–5.

Reis, S. M. & McCoach, B. (2000). The underachievement of gifted students: What do we know and where do we go? *Gifted Child Quarterly, 44*, 152–170.

Renzulli, J. S. (1977). *The enrichment triad model: A guide for developing defensible programs for the gifted.* Mansfield Center: Creative Learning Press.

Renzulli, J. S. (1978). What makes giftedness? Reexamining a definition. *Phi Delta Kappan, 60*, 180–184.

Renzulli, J. S. (2005). The three-ring conception of giftedness: A developmental model for promoting creative productivity. In R. J. Sternberg & J. E. Davidson (Eds.), *Conceptions of giftedness* (2nd ed., pp. 246–279). Cambridge: University Press.

Renzulli, J. S., & Reis, S. M. (1997). *The Schoolwide Enrichment Model: A guide for developing defensible programs for the gifted and talented.* Mansfield Center: Creative Learning Press.

Rhodes, J. B. (2002). *Stand by me: The risks and rewards of mentoring today's youth.* Cambridge: Harvard University Press.

Rogers, K. B. (2007). Lessons learned about educating the gifted and talented: A synthesis of the research on educational practice. *Gifted Child Quarterly, 51,* 382–396.

Rost, D. H. (Hrsg.) (1993). *Lebensumweltanalyse hochbegabter Grundschulkinder.* Göttingen: Hogrefe.

Rost, D. H. (Hrsg.) (2009). Hochbegabte und hochleistende Jugendliche (2., erw. Aufl.). Münster: Waxmann.

Rost, D. H. (2010). Stabilität von Hochbegabung. In F. Preckel, W. Schneider & H. Holling (Hrsg.), *Diagnostik von Hochbegabung* (S. 233–266). Göttingen: Hogrefe.

Rost, D. H. & Albrecht, T. (1985). Expensive homes: Clever children? *School Psychology International, 6,* 5–12.

Runco, Mark A. (2010). Prädiktoren und Kriterien, Potenzial und Leistung: Methoden zur Erfassung von Kreativität – eine Übersicht. In F. Preckel, W. Schneider & H. Holling (Hrsg.), *Diagnostik von Hochbegabung* (S. 45–64). Göttingen: Hogrefe.

Schilling, S. (2009). Peer-Beziehungen. In D. H. Rost (Hrsg.), *Hochbegabte und hochleistende Jugendliche* (2., erw. Aufl., S. 367–421). Münster: Waxmann.

Schneider, W., Stumpf, E., Preckel, F. & Ziegler, A. (2012). *Projekt zur Evaluation der Begabtenklassen in Bayern und Baden-Württemberg. Abschlussbericht.* Psychologisches Institut der Universität Würzburg, Würzburg.

Schütz, C. (2009). Leistungsbezogene Kognitionen. In D. H. Rost (Hrsg.), *Hochbegabte und hochleistende Jugendliche* (2., erw. Aufl., S. 303–337). Münster: Waxmann.

Shea, D. L., Lubinski, D., & Benbow, C. P. (2001). Importance of assessing spatial ability in intellectually talented young adolescents: A 20-year longitudinal study. *Journal of Educational Psychology, 93,* 604–614.

Shore, B. M. (2000). Metacognition and flexibility: Qualitative differences in how gifted children think. In R. C. Friedman & B. M. Shore (Eds.), *Talents unfolding: Cognition and development* (pp. 167–187). Washington: APA.

Shurkin, J. N. (1992). *Terman's kids: The groundbreaking study of how the gifted grow up.* Boston: Little, Brown.

Siegle, D. & Powell, T. (2004). Exploring teacher bias when nominating students for gifted programs. *Gifted Child Quarterly, 48,* 21–29.

Simonton, D. K. (2000). Genius and Giftedness: Same or different? In K. Heller, F. Mönks, R. Sternberg & R. Subotnik (Eds.), *International handbook of giftedness and talent* (2nd ed., pp. 111–121). Oxford: Pergamon.

Southern, W. T., Jones, E. D. & Stanley, J. C. (1993). Acceleration and enrichment: The context and development of program options. In K. A. Heller, F. J. Mönks & A. H. Passow (Eds.), *International handbook of research and development of giftedness and talent* (pp. 387–405). New York: Pergamon.

Stanley, J. C. (2000). Helping students learn only what they don't already know. *Psychology, Public Policy, and Law, 6,* 216–222.

Steenbergen-Hu, S. & Moon, S. M. (2010). The Effects of Acceleration on High-Ability Learners: A Meta-Analysis. *Gifted Child Quarterly, 55,* 1–15.

Stern, W. (1916). Psychologische Begabungsforschung und Begabungsdiagnose. In P. Petersen (Hrsg.), *Der Aufstieg der Begabten* (S. 105–120). Leipzig: Teubner.

Stern, W. (1920). *Die Intelligenz der Kinder und Jugendlichen und die Methoden ihrer Untersuchung*. Leipzig: Barth.

Sternberg, R.J. (1986). A triarchic theory of intellectual giftedness. In R.J. Sternberg & J.E. Davidson (Eds.), *Conceptions of giftedness* (pp. 223–243). New York: Cambridge University Press.

Sternberg, R.J. (1993). The concept of «giftedness»: A pentagonal implicit theory. *The origins and development of high ability* (pp. 5–21). United Kingdom: CIBA Foundation.

Sternberg, R.J. (2000). The concept of intelligence. In R.J. Sternberg (Ed.), *Handbook of intelligence* (pp. 3–15). New York: Cambridge University Press.

Sternberg, R.J. & Zhang, L. (1995). What do we mean by giftedness? A pentagonal implicit theory. *Gifted Child Quarterly, 39*, 88–94.

Stoeger, H. (2009). E-Mentoring: eine spezielle Form des Mentorings. In H. Stoeger, A. Ziegler & D. Schimke (Hrsg.), *Mentoring: Theoretische Hintergründe, empirische Befunde und praktische Anwendungen* (S. 227–243). Lengerich: Pabst.

Strenze, T. (2007). Intelligence and socioeconomic success: A metaanalytic review of longitudinal research. *Intelligence, 35*, 401–426.

Süddeutsche Zeitung Magazin (2009). http://sz-magazin.sueddeutsche.de/texte/anzeigen/27993

Terman, L.M. (Ed.) (1925 ff.). *Genetic studies of genius* (Vol. I–V). Stanford: Stanford University Press.

Threlfall, J. & Hargreaves, M. (2008). The problem-solving methods of mathematically gifted and older average-attaining students. *High Ability Studies, 19*, 83–98.

Turkheimer, E., Haley, A., Waldron, M., D'Onofrio, B. & Gottesman, I.I. (2003). Socioeconomic status modifies heritability of IQ in young children. *Psychological Science, 14*, 623–628.

VanTassel-Baska, J. (2003). What matters in curriculum for gifted learners: Reflections on theory, research, and practice. In N. Colangelo & G.A. Davis (Eds.), *Handbook of gifted education* (3rd ed., pp. 174–183). Boston: Allyn and Bacon.

VanTassel-Baska, J., Feng, A. & Evans, B. (2007). Patterns of identification and performance among gifted students identified through performance tasks: A three-year analysis. *Gifted Child Quarterly, 51*, 218–231.

Vock, M., Köller, O. & Nagy, G. (2012). Vocational interests of intellectually gifted and highly achieving young adults. *British Journal of Educational Psychology*. (Online-Vorabveröffentlichung)

Vock, M., Preckel, F. & Holling, H. (2007). *Förderung Hochbegabter in der Schule. Evaluationsbefunde und Wirksamkeit von Maßnahmen*. Göttingen: Hogrefe.

Webb, J.T., Amend, E.R., Webb, N.E., Goerss, J., Beljan, P. & Olenchak, F.R. (2005). *Misdiagnosis and dual diagnoses of gifted children and adults*. Scottsdale: Great Potentials Press.

Webb, R.M., Lubinski, D. & Benbow, C.P. (2007). Spatial ability: A neglected dimension in talent searches for intellectually precocious youth. *Journal of Educational Psychology, 99*, 397–420.

Winebrenner, S. (2001). *Teaching gifted kids in the regular classroom* (rev. ed.). Minneapolis: Free Spirit.

Wirthwein, L. & Rost, D. H. (2011). Focussing on overexcitabilities: Studies with intellectually gifted and academically talented adults. *Personality and Individual Differences, 51*, 337–342.

Zeidner, M. & Shani-Zinovich, I. (2011). Do academically gifted and nongifted students differ on the big-five and adaptive status? Some recent data and conclusions. *Personality and Individual Differences, 51*, 566–570.

Ziegler, A. (2005). The Actiotope Model of Giftedness. In R. J. Sternberg & J. E. Davidson (Eds.), *Conceptions of giftedness* (2nd ed., pp. 411–434). Cambridge: Cambridge University Press.

Weiterführende deutschsprachige Literatur

Alvarez, C. (2007). Hochbegabung: Tipps für den Umgang mit fast normalen Kindern. München: Deutscher Taschenbuch Verlag.

Arnold, D. & Preckel, F. (2011). Hochbegabte Kinder klug begleiten: Ein Handbuch für Eltern. Weinheim: Beltz.

Heinbokel, A. (2009). Handbuch Akzeleration. Münster: LIT.

Heller, K. & Ziegler, A. (Hrsg.) (2007). Begabt sein in Deutschland. Münster: LIT.

Koop, C., Schenker, I., Müller, G., Welzien, S. & Karg-Stiftung (Hrsg.) (2010). Begabung wagen. Ein Handbuch für den Umgang mit Hochbegabung in Kindertagesstätten. Weimar: das netz.

Preckel, F., Schneider, W. & Holling, H. (Hrsg.) (2010). Diagnostik von Hochbegabung. Tests und Trends: Jahrbuch der pädagogisch-psychologischen Diagnostik – N. F. Bd. 8. Göttingen: Hogrefe.

Preckel, F. & Vock, M. (2013). Hochbegabung. Ein Lehrbuch zu Grundlagen, Diagnostik und Fördermöglichkeiten. Göttingen: Hogrefe.

Rohrmann, S. & Rohrmann, T. (2010). Hochbegabte Kinder und Jugendliche. Diagnostik – Förderung – Beratung (2., vollst. überarb. Aufl.). München: Ernst Reinhardt Verlag.

Rost, D. H. (Hrsg.) (1993). Lebensumweltanalyse hochbegabter Grundschulkinder. Das Marburger Hochbegabtenprojekt. Göttingen: Hogrefe.

Rost, D. H. (Hrsg.) (2009). Hochbegabte und hochleistende Jugendliche (2., erw. Aufl.). Münster: Waxmann.

Stapf, A. (2010). Hochbegabte Kinder (5. akt. Aufl.). München: C.H.Beck.

Steenbuck, O., Quitmann, H. & Esser, P. (Hrsg.) (2011). Inklusive Begabtenförderung in der Grundschule. Weinheim: Beltz.

Stumpf, E. (2011). Fördern bei Hochbegabung. Stuttgart: Kohlhammer.

Vock, M., Preckel, F. & Holling, H. (2007). Förderung Hochbegabter in der Schule: Evaluationsbefunde und Wirksamkeit von Maßnahmen. Göttingen: Hogrefe.

Wittmann, A. J. & Holling, H. (2001). Hochbegabtenberatung in der Praxis. Ein Leitfaden für Psychologen, Lehrer und ehrenamtliche Berater. Göttingen: Hogrefe.

Fachportale im Internet

Bildung & Begabung
www.bildung-und-begabung.de/www.begabungslotse.de
Bildung & Begabung, Zentrum für Begabungsförderung in Deutschland mit den Hauptförderern Bundesministerium für Bildung und Forschung und Stifterverband für die Deutsche Wissenschaft, unterstützt mit Informationsangeboten, Fachtagungen und Förderprojekten Talente und Talentförderer in der ganzen Bundesrepublik. Das Zentrum gibt Impulse für die Begabungsförderung in Bund und Ländern und setzt sich dafür ein, dass jeder die Chance bekommt, das Beste aus seinen Begabungen zu machen – unabhängig von Herkunft oder Hintergrund. Schirmherr ist der Bundespräsident. Mit dem Informationsportal «Begabungslotse» bietet Bildung & Begabung ein umfassendes Online-Portal zum Themenbereich Begabungsförderung und Talententwicklung für Eltern, Lehrkräfte sowie Schülerinnen und Schüler.

Karg-Stiftung
www.karg-stiftung.de/www.fachportal-hochbegabung.de
Die Karg-Stiftung, errichtet von dem Unternehmer Hans-Georg Karg und seiner Frau Adelheid, begleitet Kita, Schule und Beratung durch Informations- und Qualifikationsangebote auf dem Weg in die Hochbegabtenförderung. Das Karg Fachportal Hochbegabung vermittelt Grundlagen- und Orientierungswissen rund um das Thema Hochbegabung – etwa über die Beratungsstellendatenbank, die Übersichten Begabtenförderung in den Bundesländern und Weiterbildungen sowie durch den Blog Hochbegabung.

C.H.BECK WISSEN

in der Beck'schen Reihe

Zuletzt erschienen:

2220: Friedrich, **Richard Wagners Opern**
2221: Henze-Döhring, **Verdis Opern**
2738: Schröder, **Johann Sebastian Bach**
2562: Pfisterer, **Die Sixtinische Kapelle**
2574: Müller, **Die Kunst der Kelten**
2742: Beck/Prinz, **Staatsverschuldung**
2751: Beutelspacher, **Zahlen**
2753: Faulenbach, **Geschichte der SPD**
2754: Gerhard, **Giuseppe Verdi**
2755: Houben, **Die Normannen**
2756: Karsten, **Geschichte Venedigs**
2757: Khan, **Das Rote Kreuz**
2758: Kreiser, **Geschichte der Türkei**
2759: Llanque, **Geschichte der politischen Ideen**
2761: Oltmer, **Globale Migration**
2762: Rader, **Kaiser Friedrich II.**
2763: Schlögl, **Nofretete**
2764: Schmidt, **Der deutsche Sozialstaat**
2765: Stuchtey, **Geschichte Irlands**
2766: Voss, **Richard Wagner**
2767: Johnston, **Robin Hood**
2768: Kappeler, **Die Kosaken**
2769: Klarer, **Literaturgeschichte der USA**
2770: Koldau, **Tsunamis**
2771: Kowalczuk, **17. Juni 1953**
2772: Mann, **Die Gladiatoren**
2773: Reinhardt, **Geschichte von Florenz**
2774: Thamer, **Die Völkerschlacht bei Leipzig**
2775: Tietz, **Dietrich Bonhoeffer**
2776: Willoweit, **Reich und Staat**
2777: Rohe, **Das islamische Recht**
2796: Unschuld, **Traditionelle Chinesische Medizin**
2800: Höffe, **Ethik**
2801: von der Pfordten, **Rechtsphilosophie**
2805: Kornwachs, **Philosophie der Technik**
2820: Horn, **Philosophie der Antike**
2821: Sturlese, **Philosophie im Mittelalter**